MÉMOIRES

DE

CHODRUC-DUCLOS

RECUEILLIS ET PUBLIÉS

PAR

J. ARAGO ET ÉDOUARD GOUIN.

Pauvreté n'est pas vice.
— Non ; c'est bien pis.

TOME II.

PARIS,

DOLIN, LIBRAIRE-COMMISSIONNAIRE,
RUE DES GRANDS-AUGUSTINS, 47.

1843.

MÉMOIRES

DE

CHODRUC-DUCLOS.

PARIS. IMPRIMÉ PAR BÉTHUNE ET PLON.

MÉMOIRES

DE

CHODRUC-DUCLOS

RECUEILLIS ET PUBLIÉS

PAR

J. ARAGO ET ÉDOUARD GOUIN.

Pauvreté n'est pas vice.
— Non ; c'est bien pis.

TOME II.

PARIS,
DOLIN, LIBRAIRE-COMMISSIONNAIRE,
RUE DES GRANDS-AUGUSTINS, 47.

1843.

PILE ET FACE.

L'instrument de supplice, la victime, le bourreau : Chodruc-Duclos a voulu être la trinité fatale. Il a voulu promener par le monde et toute une longue vie durant l'ineffaçable affiche des illustres ingratitudes; et dès lors il s'est avancé jusqu'à la fin, froid et indéconcertable, traînant écrites aux yeux de tous les annales des misérables grandeurs. Chaque époque mémorable, Chodruc-Duclos l'avait saluée dans une étiquette différente. On lui avait attaché ses langes pendant que Robespierre et Mirabeau cousaient le suaire de la monarchie. Il avait pris l'uniforme de la milice nationale, dès que le drapeau républicain s'était déployé sur Lyon. Il avait endossé le frac soyeux du riche et luxueux désœuvrement, alors que le Directoire, chassant les tempêtes de la Terreur, avait répandu quelque sérénité sur la face de la France. Tour à tour il s'était revêtu de l'habit de soldat et de l'habit de prisonnier, quand l'aigle dominateur avait enveloppé l'Europe. A cette heure où il voit une ère nouvelle se dérouler autour de lui, à cette heure où il se sent dépouillé de tous ses anciens et magnifiques rayons, quel vêtement sera d'à-propos, quel costume sera le sien?

Gardera-t-il son frac élégant, pour rappeler l'intrépide muscadin bordelais, joyeux et inséparable camarade du jeune Peyronnet?

Reprendra-t-il son uniforme de Lyon, de la Vendée, afin de pouvoir étaler les taches de sang qui s'y sont imprégnées?

Ou bien adoptera-t-il sa veste de Sainte-Pélagie, de Vincennes, de l'Abbaye, de Bicêtre, comme un flétrissant martyrologe?

Ni ce costume, ni celui-là, ni l'appareil de l'opulence, ni l'appareil de la gloire; mais la livrée de ce qu'il y a de plus honni dans ce monde, le vêtement de la misère,

Les haillons!

Les haillons, au travers desquels on devinera encore l'altière supériorité, mais sur lesquels on lira du moins l'infimité sordide qui a délaissé.

Place donc à ces haillons sublimes, place à cette significative et magnifique indigence! Place à Chodruc-Duclos, l'homme déguenillé, l'homme à la longue barbe, le maître du Palais-Royal et le flagellateur des maîtres suprêmes.

Place, car voici qu'il entre en sa seconde vie, si loin de la première! Place au malheureux Job, qui s'est levé parce que la main de Dieu était venue sur lui, parce que les quatre coins de sa maison avaient été frappés par un grand vent du désert; au malheureux Job, qui s'est pris à déchirer son manteau, disant :

— Je suis sorti nu du sein de ma mère, et j'y retournerai nu.

Place à Job-Duclos, qui, ne se voyant pas reconnu par ses amis, a répandu de la poudre sur sa tête! Place à Job-Duclos, qui ne s'est point assis à terre, gémissant sept jours et sept nuits; mais qui s'est promené par la terre, ne gémissant qu'au fond de son âme, pendant dix-sept années! Place à Job-Duclos, car ces deux hommes sont frères, car deux noms ne sauraient être plus justement accouplés, car le récit et le cri de ces deux grandes infortunes peut se dire par le même langage; et si vous consentez à faire halte sur les limbes des deux existences parcourues par Chodruc-Duclos, vous trouverez avec nous — bizarre et curieuse coïncidence! — toute l'histoire de Duclos enfermée dans l'histoire de Job; et, vous mettant à la place de Job-Duclos et vous acheminant sans relâche sur cette dalle de son palais, vous crierez comme notre Job d'hier devait s'entretenir dans l'amertume de son âme:

« Que le jour où je naquis périsse! Car mes amis m'ont manqué comme un torrent, et je pleure devant Dieu! »

MÉMOIRES
DE
CHODRUC-DUCLOS.

CHAPITRE PREMIER.

PRÉMIER JOUR DE FAIM.

A tous ceux qui ces présentes verront, salut.

Salut à vous, riches et puissants du jour, qui n'avez jamais tendu la main même pour en laisser tomber une obole.

Salut à vous, lépreux, tondus, pelés, cacochymes, culs-de-jatte, manchots, qui êtes nés au coin d'une borne, qui avez vécu dans la rue et qui êtes morts à l'hôpital.

Salut à vous, opulents et misérables.

Je sais aujourd'hui comment on demande. — Hélas! je sais aussi comment on refuse.

Dès que je me suis senti le courage de me laisser déguenniller par le frottement des murs et la voracité des vers, il m'a semblé que plus rien ne me devenait impossible, que je pouvais vagabonder le jour, la nuit, à toute heure, en sabots, en veste, en chemise, pieds nus, sans chapeau, en bonnet de coton, sous le soleil, sous les giboulées...

Je me trompais.

Il est une chose qui dégrade plus que la pauvreté méritée : c'est l'aumône que l'on implore.

La première fois que je me suis réveillé sans savoir comment je déjeunerais, comment je dînerais, je fus tenté d'apprendre comment on vivait au fond des eaux, et pour cela j'allai me promener vers le pont des Invalides...

Déjà la pierre fatale était accrochée à me

pieds, j'allais partir........ lorsque près de moi passa une femme en pleurs qui cherchait son enfant perdu. Je lui adressai quelques paroles affectueuses, je lui offris mon bras : nous fouillâmes dans toutes les allées des Champs-Élysées. Je criai comme un possédé : les passants m'appelèrent fou.

Je l'étais en effet selon eux, car je faisais du bien sans intérêt.

Enfin, enfin je trouvai le pauvre petit que je rendis à sa mère, et qui me donna deux francs.

Le lendemain je ne voulus point manger, malgré une faim dévorante ; car je tenais à garder le plus long-temps possible les quarante sous qui me rappelaient mon suicide manqué, ainsi que ma bonne action.

Les entrailles élevèrent la voix : je fis partir la pièce rondelette. Quelques heures après je me retrouvai sans un centime, et avec une faim d'autant plus âcre que je ne supposais pas qu'une seconde mère eût perdu son enfant.

Mendier!! Ce mot est atroce! ces trois syllabes brisent, tordent, disloquent, brûlent.

Je brûlai.

CHAPITRE II.

MES HAILLONS.

Je quêtai donc¹!

Mais, qu'on ne s'y trompe pas, ce n'est pas tant le refus qui humilie que l'obole. Mon front rougissait, mes lèvres devenaient violettes à chaque pièce de monnaie qui m'était présentée. Plus elle était grande, plus je me sentais frappé au cœur... Décidément je n'étais point fait pour mendier.

Remarquez bien encore qu'au rebours des habitudes de mes collègues, — ce mot me brise l'âme, — je ne demandais jamais en tendant la main. Je marchais plus vite que celui qui allait faire droit à ma requête, j'ouvrais ma main droite, on y glissait quelque chose, et je dînais.

Sans mon serment qui me liait aux haillons, j'aurais voulu mendier un elbeuf rayonnant et des bottes neuves et vernies; mais ce misérable Peyronnet m'avait condamné aux savates, aux ficelles et aux débris. Je tenais à flétrir l'ingratitude de cet homme, et je me laissai rouler dans l'égout où j'ai pataugé depuis.

Ce qui me touchait le plus dans les aumônes que je recevais, c'était la charité des enfants, qui venaient à moi tout tremblants, tout rouges, et qui me disaient de leur voix d'anges :

— Tenez, monsieur, c'est maman qui m'a dit de vous apporter ça.

Je n'ai jamais rien refusé à l'enfance, c'eût été la déshabituer du bienfait; et, après ma mort, je suis sûr que plus d'un bambin se dira en jouant au cerceau ou à la corde dans mon ancien Palais : « Tiens! nous ne verrons plus l'homme à la longue barbe, à qui j'ai donné tant de fois des pièces de dix sous! Ses vêtements étaient bien noirs, mais ses mains étaient bien blanches. »

Je me rappelle qu'un jour une toute petite fille me fut envoyée par sa mère avec une pièce d'un franc. Elle accourut, m'appela doucement, puis plus fort ; et, me retenant enfin par les basques déchirées de ma redingote, elle me dit :

— Monsieur, voici une pièce de vingt sous que vous avez, sans doute, laissée tomber de votre poche.

Le ciel se donnerait un démenti si cette jeune enfant ne fait pas, plus tard, l'orgueil de sa famille et le bonheur d'un époux.

Si vous voulez la protection du puissant, tâchez de lui faire oublier que vous avez été plus fort, plus grand, plus habile que lui un jour, ou bien vous serez répudié. Ma place de préfet n'a dépendu que de cela. J'ai eu un très-grand tort avec Peyronnet, celui d'avoir toujours eu raison contre lui.

Je sais bien qu'il y a des cœurs haut placés qui se montrent généreux ou reconnaissants au jour de leur fortune; mais Peyronnet n'avait pas d'ambition, à proprement parler, il n'avait que de la vanité : son foie était bien plus haut que son cœur. J'ignore, au surplus, comment sont placés dans notre corps ces deux organes de la vie. On s'en assurera sur moi, avant de me donner mon manteau de poussière.

Tous les orgueils sont en nous, et tous ont un côté honorable : orgueil maternel, orgueil de bambin qui remporte un prix dans ses classes, orgueil du décrotteur qui tient à ce que vos bottes soient bien cirées. Le cheval de course, celui de labour, le roquet ont leur orgueil. Le marmiton se fait appeler cordon-bleu, le palefrenier valet de chambre, le portier concierge, le concierge suisse, l'écrivassier homme de lettres, l'homme de lettres homme de génie... et se porte au nez des coups d'encensoir. Tout a de l'orgueil en ce monde; et l'Être-Suprême aurait tort surtout d'en avoir, car le monde qu'il a fait est trop mal charpenté pour qu'il ait à s'en glorifier.

Mais, de tous les orgueils, celui que je comprends le mieux, c'est l'orgueil des haillons.

Oh! celui-là, mes ennemis, je l'étale avec un bonheur ineffable; à chaque déchirure de ce qui me sert de redingote ou de pantalon, il me semble que j'acquiers un parchemin. Encore un accroc, et me voilà Montmorency, Malesherbes ou Clermont-Tonnerre!

Disons-le, pourtant : après ma mésaventure du ministère de l'injustice, et dès que j'eus fait le serment de ne changer d'habits que lorsque Peyronnet aurait changé de demeure, je fus horriblement effrayé de sentir mon coude troué.

La redingote usée, bien; le chapeau délabré, bien; les bottes éculées, bien encore.... mais un trou à mes bottes, un trou à mes vêtements, un outrage à mon linge, — moi qui jadis.... Oh! il me semblait que les regards de la foule ne voyaient que le vide. Et comme la foule ne savait pas que tout ce luxe de misère c'était de l'orgueil, je rougis jusqu'au blanc de mes yeux.

Rappelez-vous, désœuvrés, que je marchais alors les bras croisés....

Les bras croisés de Duclos, c'est la période du dernier rayon de pudeur que j'ai conservé.

Au reste, ce qui me blessait le plus, c'était le sarcasme des étrangers; mais lorsqu'un ancien ami, une vieille connaissance passait devant moi, alors surtout mes bras retombaient, et j'aurais voulu plus d'insulte à mes habits.

Je le sais; on a toujours dit de moi *l'homme à la longue barbe*, et non *l'homme aux haillons*. Pourquoi? A-t-on craint de m'humilier? On a eu tort. Cette dernière humiliation aurait rejailli sur les ingrats, et non sur ma misère.

J'avouerai même que plus d'une fois j'ai agrandi une plaie de ma redingote afin que Peyronnet reçût un affront de plus.

J'ai serré un jour affectueusement la main à un étranger qui, en passant près de moi, dit :

« — C'est un ancien ami de Peyronnet. »

S'il avait dit: « C'est un fou, un maniaque, » bien certainement je l'aurais soufflété.

Dix mille personnes me regardent quotidiennement avec dégoût, que je pourrais, moi, regarder avec mépris. Elles ont le cœur sale, les sentiments sales et les mains sales. Moi j'ai les habits déchirés et troués, tandis que mon âme et mes mains sont d'une exquise propreté. Demandez à mon propriétaire : il me faut trois pots à l'eau par jour, et à peine en ai-je assez, non pour me blanchir, mais pour me parfumer. L'eau est le purificateur le plus appréciable; et si nous étions vêtus comme nos premiers parents, on me montrerait au doigt et on viendrait à moi, tandis que les femmes fuiraient ceux qui me raillent sur mes haillons.

Dès que j'eus commencé à demander sans demander, je me crus à l'abri du sarcasme et du blâme.

Je n'étais pas un mendiant, j'étais un emprunteur.

A la vérité, je calculais bien comme ne devant jamais rendre ce que je recevais; mais combien d'honnêtes gens de par le monde, ayant habit élégant, coiffure à la mode, appartement confortable et maîtresses plus confortables encore, qui empruntent avec plus d'audace que moi ! Ceux-ci laissent espérer une restitution, il y a donc filouterie ; Chodruc n'inspire aucune confiance, vous n'êtes point volé.

La pente qui mène à la ruine morale est, hélas ! encore plus rapide que celle qui fait murer les coffres-forts. Je me lassai bientôt de demander par gestes : j'en vins à la parole, et, le chapeau sur les yeux pour cacher le rouge de mon front, j'accostai mes anciens amis :

— Prêtez-moi vingt sous.

Il est rare que l'on me gratifie de cette somme énorme; et cependant ceux-là même qui me la donnaient de bon cœur poussaient de la main, et de la parole plus brutale, le mendiant par état qui demandait *un pauvre petit sou.*

Ah ! c'est qu'il y a toujours de l'orgueil

dans la charité : aujourd'hui l'on veut que la main gauche sache ce que fait la main droite.

De temps en temps un sentiment de dignité me saisit à l'âme, et vous ne sauriez croire combien alors et avec quel horrible plaisir j'endure les angoisses de la faim!...

Je suis resté quatre jours et trois nuits... — quatre jours et trois nuits, entendez-vous? — sans avaler une bouchée!..

Je ne m'arrêtais que pour boire devant la fontaine de la rue de l'Echelle. L'eau soutient.

L'eau soutient! — Eh! messieurs, elle rafraîchit et brûle à la fois : je me bourrais d'eau parce que je n'avais pas de pain. Vous passiez à mes côtés, vous me voyiez pâle, tremblotant, la vie dans le regard seul, et vous disiez en me coudoyant :

— Voilà *l'homme à la longue barbe*. Est-il hideux!

— Oui, oui, la misère est souvent hideuse; mais la faim au milieu d'une cité civilisée, au sein d'une population âpre au plaisir, au luxe, à la débauche!... la faim, lorsque là, sous vos yeux, l'art culinaire étale ses inventions les plus tentatrices! La faim, quand vous voyez sortir rouge, dodu et repu, de chez Véry, de chez Véfour, de chez les frères Provençaux, un homme qui a dîné hier, qui vient de dîner aujourd'hui, qui dînera demain et toujours... Oh! la faim alors n'est plus seulement hideuse, elle est formidable, terrifiante : vous devez essayer de la combattre, de la vaincre; dût-il, modernes Lucullus, vous en coûter le sacrifice d'un mets, l'abandon de la miette que vous jetez sous la table ou dans la gueule de vos dogues.

Un homme et un dogue! Allons! c'est celui-ci qu'il faut choyer! L'homme a un lit, une chambre, peut-être; il marche debout, la tête haute, le regard au ciel; il pense, il souffre, il le sait... Le dogue a une niche, de la paille fraîche, sa pâtée de chaque jour, et il aboie au profit du maître...

La caresse au chien, le bâton au bipède!

———

J'écoutai un soir la conversation de deux mendiants émérites, et je la publie pour l'instruction de mes confrères, j'allais dire des nôtres.

— Eh bien, ça a-t-il été?

— Eh! eh! une grosse roue et demie.

— C'est guère. Moi j'ai deux grosses roues.

— Dix francs! Peste!

— J'ai fait l'affamé sur le trottoir de la rue de Provence, et je suis resté couché sans vie pendant une demi-heure.

— Moi de même, rue du Helder.

— Cette bêtise! Y a là toujours des mouchards.

— Laisse donc! Ils s'y laissent prendre comme les autres.

— Oui; mais tout s'use, et alors les économies s'en vont.

— En as-tu beaucoup?

— Deux mille francs et de la monnaie.

— Moi, pas beaucoup; plus du double.

— Les bons sont-ils bêtes!

— Pas tant, puisque nous les volerions s'ils ne nous donnaient pas.

— C'est égal, veillons bien; car on pourrait nous empoigner. Où as-tu tes pièces?

— C'est du papier, dans la doublure de ma veste.

— Moi, dans la double semelle de mes souliers.

— Bien trouvé.

— Maintenant que le magot est rondelet, faut godailler, je prendrai chambre.

— Et moi donc!

— Je ne demanderai que de l'œil.

— Comme moi.

— Est-ce que tu vas toujours chez Véfour?

— Du tout, les mangeurs jettent leur petite monnaie aux garçons.

— C'est juste. Moi, je me mets au pont des Arts; là, c'est sûr : on donne dix sous contre neuf, et il est rare qu'il ne m'en tombe pas un par-ci par-là.

— Je profiterai de la leçon.

Profitez aussi, mendiants spéculateurs, la recette est excellente.

Le jour qui pour les bambins, pour les fashionables, est un jour de glorification, fut pour moi une heure de honte. Quand mes vêtements eurent été assez délabrés pour que la police s'en mêlât, je ne sais comment cela me fut inspiré, mais j'en changeai. J'avais quelques écus, j'achetai sous les piliers de la Halle une redingote d'une seule couleur, des bottes qui avaient été neuves et dont les outrages ne se voyaient qu'avec une loupe, un chapeau qui en était un et des chemises avec dos et manches. Quant au pantalon, il me couvrait, tout le monde a dû s'en apercevoir.

Eh bien! mes amis, eh bien! mes ennemis, vous avez dû vous apercevoir aussi que mes allures devinrent moins franches, que mon regard fut moins fier, mes courses moins fréquentes, moins rapides. J'avais l'air d'un homme qui venait de voler ce costume, et, Dieu me pardonne, je me sentis humilié de mon confortable.

Mais lorsque plus rassuré, j'osai lever les yeux sur la foule qui passait, je la trouvai indifférente, vagabonde, flâneuse, comme si rien de nouveau, d'extraordinaire, n'avait eu lieu autour d'elle.

Oh! j'en ressentis un coup violent, car je reconnus que ce n'était pas moi, moi individu, moi victime de l'ingratitude, qu'on avait remarqué jusqu'alors, mais bien ma barbe, mon demi-chapeau, mon tiers de redingote, mon quart de pantalon et mes bottes-savates. O grandeurs humaines!

Mes épaulettes étoilées, mon bâton de maréchal, mes insignes, ma dignité, ma renommée, ma gloire, je venais de tout perdre en devenant homme comme vous et vous.

Dès que je fus quelqu'un, je ne fus plus personne.

Je réfléchis, je me déchirai la poitrine, je pleurai de rage et m'armai d'indignation. Je vomis anathème sur anathème contre l'espèce humaine si lâche, si mesquine, si méprisable, et je résolus d'en finir avec la décence et la propreté.

Qu'en dites-vous, messieurs les moralistes? Pensez-vous qu'il soit si aisé de se faire remarquer ici-bas, et qu'on soit bien venu de tous en se mélant à tous, en marchant, en parlant comme tous, en agissant comme tous?

Non, mille fois non.

Ce qui réussit de nos jours, dans cette société bâtarde, c'est la dégradation, c'est l'orgueil, c'est l'égoïsme; ou, si je veux être moins sévère, c'est l'originalité.

Cette fois, je n'attendis point que le frottement du temps s'en prît à mon costume; je voulus aider les semaines, les mois dans leurs outrages, et je me roulai contre les murs décrépits.

L'ouverture se fit bientôt. Je souris à sa visite, avec plus de bonheur que n'a de colère la femme qui voit arriver sa première ride.

Et l'on me retrouva dans mon palais, et l'on me remontra au doigt, et je fus encore une *chose*.

Ce que je veux avant tout, c'est la dignité dans le malheur. Ne me dites donc pas que ma vie est un démenti à cette pensée; car je vous répondrai, moi, qu'elle en est la plus rigide application.

Oui, sans doute, j'ai demandé, j'ai tendu la main, j'ai logé dans un taudis, j'ai promené mes haillons, ma misère dans tout Paris; oui, sans doute, il y a quelque chose de *honteux* dans cette vie errante et sans travail où se sont épuisées mes années les plus vigoureuses; mais les hommes sont trop frivoles pour rien accorder à la fatalité. Ils ne comprennent guère, — tant il y a d'égoïsme chez eux, — combien l'ingratitude et la lâcheté de Peyronnet et des siens ont dû me bouleverser.

Si l'on savait tout ce que j'ai souffert de leur abandon, l'on me plaindrait à coup sûr au lieu de me blâmer; et ceux-là seuls qui connaissent nos intimes et vieilles relations seraient disposés à m'absoudre, pour peu qu'ils voulussent faire la part des circonstances.

Mon amitié de tous les jours, mon dévouement de toutes les heures, mon épée sans cesse en activité, mon sang toujours chaud pour eux, sont-ce là des titres aux bienfaits, sinon à la reconnaissance?

Et l'on veut que je sois resté calme à tant d'effronterie, à tant de bassesses! Non, non! A eux la dégradation, à moi la misère; chez eux le cynisme était dans leur cœur corrompu par le pouvoir, chez moi le cynisme est sur mes vêtements seuls.

Mais revenons à la première pensée de ce chapitre :

J'avais déjà fait trente-cinq ou quarante fois le tour de mon domaine par un froid excessivement rigoureux, quand un des plus riches tailleurs, demeurant sous les galeries, m'appela par mon nom :

— Monsieur Duclos, voulez-vous vous donner la peine d'entrer chez moi?

— Volontiers.

— Le froid est vif, n'est-ce pas?

— Neuf degrés.

— Souffrez-vous?

— Je suis façonné à la souffrance.

— J'ai un costume chaud et neuf à vous offrir.

— De la part de qui?

— D'un homme qui vous plaint sans vous connaître.

— Je n'accepte pas de tout le monde. Quel est cet homme?

— Monsieur que voilà.

— Votre nom, s'il vous plaît?

— George Kling.

— Vous êtes Anglais?

— Yes.

— Allez vous promener alors, je ne veux rien de vous.

Je ne sais comment il se fait qu'en sortant je heurtai assez violemment le goddam, qui vint tomber dans la galerie; mais, quoiqu'on m'ait accusé de l'avoir frappé, je déclare que telle n'a pas été mon intention, et qu'on a eu tort ce soir-là de me conduire au corps-de-garde.

Le lendemain, quand je pensai à ma brusquerie, je m'en voulus et me la reprochai comme une mauvaise action. Je cherchai pendant long-temps de mon regard de lynx à reconnaître mon Anglais; mais je ne le vis plus, et je suis bien sûr qu'il aura publié partout que je suis un ogre et que je me nourris de chair humaine.

Il m'est arrivé une autre fois de refuser d'un étranger un chapeau tout neuf qu'il jeta devant mes pieds. A cette époque mes pantalons tenaient avec des ficelles, mes chaussures étaient de lisière et ma redingote s'en allait en charpie. Il y aurait eu trop de contraste, il y aurait eu disparate. Je voulus de l'harmonie dans mon accoutrement, et je repoussai du pied le cadeau de l'étranger.

Ainsi ai-je fait avec d'autres individus qui me tendaient la main et qui voulaient souvent me donner, pour lier conversation avec l'homme à la longue barbe.

Le ciel, l'enfer et moi, savons seuls combien j'ai eu à souffrir de la générosité des hommes.

Il faut rendre à César ce qui appartient à César, et au sergent de ville ce qui appartient à la canaille.

Je fus un jour *ramassé* au milieu d'une mêlée qui avait lieu sur la place du Louvre; et dès que j'eus fait mon entrée triomphale au violon, un sergent, celui-là même qui m'avait appréhendé, me demanda la permission de me fouiller; ce à quoi je ne pouvais alléguer un refus.

Il plongea sa main dans la poche vide et trouée de ma redingote, et il en tira une pièce de cent sous.

— C'est tout ce que vous avez? me dit-il avec bienveillance.

— C'est tout ce que je n'avais pas, lui répondis-je tout attendri.

Je crois que ce brave homme se nommait Mouchoux.

On a toujours fait des croque-mitaines de ces limiers de la police, dont quelques-uns, en effet, se sont montrés d'une ignoble brutalité; mais ce qu'ils ont de plus hideux selon moi, de plus effrayant, c'est le costume.

Une canne à la main!... on dirait vraiment qu'ils n'ont été institués que pour bâtonner! Quant à moi, je crains bien plus une canne qu'une épée; je me croirais, certes, plus blessé par un coup de baguette sur l'épaule que par un fleuret au travers du corps.

A cet égard, ma profession de foi ne peut être révoquée en doute.

CHAPITRE III.

LES GARDES-DU-CORPS.

On a raconté de bien des manières mon aventure avec les quatre gardes royaux qui chaque jour s'amusaient à mes dépens en sortant de chez Véfour.

L'un d'eux après son dîner attendait ses camarades à la porte du célèbre restaurateur; et dès que je paraissais à l'angle de la galerie de la Rotonde, il faisait un signe. Tous les quatre alors me suivaient en imitant les bambins qui suivent la retraite : pan, pan; plan,

plan, plan..., plus ou moins précipité selon que ma marche l'était plus ou moins aussi.

Cette stupide manœuvre avait lieu depuis trois semaines sans que je m'en fusse fâché.

Un jour, cependant, que, serré de plus près par mes importuns, je m'aperçus que les curieux les suivaient et riaient à mes dépens, je m'arrêtai tout à coup, et croisant mes bras et regardant le plus grand d'entre eux avec cette prunelle de vingt-cinq ans qui ne m'a jamais manqué :

— Savez-vous bien, messieurs, que je n'ai pas encore vu de gamins avec des moustaches ?

— Est-ce que vous en voyez aujourd'hui?

— Vous, vous, vous, et toi.

— Impertinent!

— L'épée à la main, ou le pistolet au poing, j'ai toujours soutenu mon dire en homme de cœur.

— Oui, quand vous étiez homme, sans doute.

— Ceci, est-ce d'un homme?

Je pris, par le collet et par les reins, mon

lâche interlocuteur, et — je n'exagère pas — sans qu'il touchât les pointes de fer de la grille, je le lançai dans le jardin.

Un de ses amis voulant encore faire le mutin, je saisis le pan de sa redingote et je la lui déchirai jusqu'au collet.

— Vous êtes trop poltron, lui dis-je, pour être blessé par-devant : vous voilà marqué au dos.

Une foule immense était témoin de cette scène, et je vous atteste que les rieurs ne furent pas du côté de mes adversaires, qui, je crois, ne dînèrent plus chez Véfour.

Vous ne sauriez vous faire une idée de mon énergie dans ces moments de fièvre et d'exaltation. Mon sang bouillonnait, mes nerfs dansaient en colère, j'aurais broyé du fer sous mes mains. J'étais un Hercule.

CHAPITRE IV.

EUGÉNIE.

Ainsi fis-je une autre fois, que deux gros manants insultaient, dans la rue que j'habite, une de ces malheureuses filles qui arrêtent les passants. Ils voulaient l'entraîner de force dans une autre maison que la sienne, et la pauvre femme n'osait pas résister.

Je cours à elle :

— Est-ce que vous ne voulez pas suivre ces hommes?

— Non, monsieur Duclos.

— Eh bien! vous ne les suivrez pas.

— Qui donc nous l'empêchera?

— Moi.

— Comment cela ?

— Le voici.

D'un coup de poing j'aplatis le nez d'un de ces coquins, l'autre s'élança... Je le saisis dans mes bras et le jetai sur le mur, d'où il rebondit dans le ruisseau.

La garde vint : je racontai l'affaire; on en appela au témoignage des passants et de la fille Eugénie. Tout le monde se trouva d'accord avec moi, et les gardes municipaux, convaincus, m'ordonnèrent de les suivre au poste, où je restai jusqu'au matin.

Le lendemain, je trouvai, presque à la porte du violon, la fille Eugénie qui m'attendait, et qui avait passé la nuit à la belle étoile, par un froid de huit degrés.

Si je vous disais combien, depuis ce jour, la pauvre aventureuse m'a donné de gages d'attachement et de reconnaissance, vous lui tendriez une main secourable lorsqu'elle vous appelle, dans la rue, de sa voix rauque et cavalière.

Oh! oui, messieurs; sous ces vêtements de commande, sous cet organe de charretier, sous ces cheveux en désordre, il y a une âme à l'épreuve de toutes les privations, un cœur dévoué jusqu'au martyre; il y a une tendresse qu'on ne trouverait peut-être nulle autre part.

Ecoutez:

Je venais de rentrer après une promenade sans résultat, et, en passant devant la jeune personne qui me donnait chaque soir mon flambeau et une chandelle coupée en cinq, j'avais fait le signe habituel pour annoncer que j'étais sans le sou.

Je monte, je me couche, je lis; ma chandelle s'épuise; me voici dans l'obscurité. J'entends gratter à ma porte.

— Qui va là?

Point de réponse.

— Qui va là?

Même silence.

Toutefois, comme j'entends descendre rapidement mon escalier, je me lève, et je vois s'effacer dans les dernières marches une silhouette de femme.

J'appelle; le logeur monte, me donne un autre cinquième de chandelle; je rentre et je trouve dans mon taudis un papier et trois pièces de vingt sous. Voici le papier, voici l'orthographe du billet:

« Duclo,

» Ge vou aime, vou ête maleureu et cet pourquoi que je vous aime et ossi parce que vous mavé défandu conte deu malotru, un soire que vous leuz avé donné deux estafilade, teleman qui ont pri un billiet de partérre et que j'ai été passée la nui au pié du cor de garde, ousque je bien priée le chien de ville pour qu'i vous face sortire le lendemin.

» Duclo, ge vou aime. Et vou! ge seroit si heureuse d'être aimé de vou ???

» Ce soir gé amprunté à ma bourjoise, je vous les done de queur et dâme. Prené les ou je ne vous aime plu.

» O ge vou aime, Duclo, poure toute la vie.

» EUGÉNIE. »

J'ai reçu plus de vingt fois des témoignages de la tendresse si désintéressée de cette pauvre fille; et quand je la rencontrais dans ma rue et que je lui serrais la main, elle me disait, avec un accent de vérité :

— C'est quelque chose, monsieur Duclos, mais ce n'est pas assez; car je vous aime.

Au temps de ma grandeur, alors que le monde se déroulait brillant et parfumé devant moi, alors que mille conquêtes se partageaient mon existence, je n'ai jamais entendu de voix plus persuasive, je n'ai jamais vu de regards plus touchants que ceux de cette infortunée que j'avais protégée contre deux ivrognes.

Je suis bien sûr qu'Eugénie la brune viendra visiter ma tombe, si on m'en donne une, et qu'elle priera pour celui qui n'a trouvé chez les grands et les riches que de l'ingratitude et du mépris.

On ne quitte pas aisément une femme aussi dévouée qu'Eugénie, dès qu'une fois on s'est mis à parler d'elle; et voilà pourquoi j'ajoute qu'un soir, où quelques manants m'injuriaient dans ma rue, l'héroïque vierge-folle se rua sur eux comme une panthère, qu'elle en déchira cruellement deux à la figure; et que, grâce à moi qui m'élançai à son secours, les insolents, les canailles battirent en retraite, en laissant sur le champ de bataille une partie de leurs vêtements et de leur nez, presque tous leurs cheveux.

Peu de temps après cette rixe, qui fit du bruit dans le quartier, je reçus une autre lettre de la jeune fille, que ses amies n'appelaient plus que madame Chodruc-Duclos. Je la garde précieusement parmi mes papiers :

« Mosieu et méchan,

» Ge sui malad et bien malad, non pas de la tête mai du queur. Madam ne veu plu me gardé parce que je ne sui bone à rien; et come ge man vait petit à petit, ge man vait à lopitale ou je priré bien poure vou qui ne savé point aimé. Oui, mosieu, si vous aviez voulu être mon mari, je croi que je ne serait pas maurte.

» Cignée, EUGENIE.

» De la Charité. »

Je me rendis à cet hôpital un instant après la lecture de ces tristes lignes : on ne voulut point me permettre de voir l'infortunée Eugénie; je fus invité à y revenir le lendemain.

Le lendemain, c'était trop tard....

Un cadavre de jeune femme gisait à l'amphithéâtre et servait aux progrès de la science.

CHAPITRE V.

UN COUVENT.

Un jour...

Ce jour-là je cheminais lentement les bras croisés, le front à terre, et de temps à autre je m'accoudais contre le mur ou m'asseyais un instant sur la borne. Je venais d'atteindre ma rue, et j'allais entrer dans mon cher numéro 22, lorsqu'une douce voix m'arrêta :

— Vous souffrez, monsieur Duclos?

— Beaucoup, Eugénie. J'ai une fièvre ardente, et ma tête éclate.

— Qui vous soignera chez vous?

— Est-ce que personne m'a jamais soigné depuis quinze ans ?

— Laissez-vous soigner aujourd'hui.

— Par qui ?

— Par l'amie la plus dévouée, par le cœur le plus aimant : moi.

— Pauvre fille ! Est-ce que vous n'appartenez pas à quelqu'un ? Est-ce que vos moments sont à vous, vos pensées à vous, vos vêtements à vous ?

— On double sa vie pour être utile à celui que l'on aime et qui souffre.

— Je n'ai rien fait pour que vous m'aimiez.

— Si, si. Et puis sait-on pourquoi l'on hait et l'on aime ? Non : filles aventureuses, vierges de la rue, propriété de tout le monde, excepté de nous-mêmes, quand un amour nous prend il s'accroît encore de tout ce que nous lui volons par état. Quand nous aimons, croyez-e bien, monsieur Duclos, nous devenons de cœur et d'âme femmes dévouées jusqu'à la rivière, épouses fidèles au milieu même de notre abrutissement... Oui, oui, fidèles, en dépit de ce que vous pensez.

« Moi, par exemple, j'étais, avant de vous connaître, la plus folle de toutes les folles de ce quartier de folles ; quand je voulais la joie et l'ivresse dans la maison, l'ivresse et la joie étaient nos compagnes. Si je manquais à la veillée, elle n'était jamais aussi riante, et notre *patronne* aurait sacrifié toutes ses tourterelles, sans exception, pour moi, pour moi seule qui faisais sa fortune.

— Pauvre Eugénie !

— Oh ! ne me serrez pas ainsi. Cette vie de tête, cette existence mécanique, mes promenades de chaque jour par toutes les saisons, ce n'est pas cela qui nous tue; c'est l'heure du repos, ce sont les pensées qui tôt ou tard viennent nous assaillir et nous presser comme des étaux de fer. Ce qui nous tue, ce n'est pas ce qui nous étale et nous dégrade, c'est l'instant qui nous cache et nous livre à nous seules. Plaignez, plaignez la fille des rues; plaignez la sœur d'Eugénie, qui vous appelle d'une voix rauque et empressée. Plaignez surtout Eugénie, alors qu'elle vous paraît heureuse ; car elle cherche à s'étourdir alors ; il y a deux filles en elle, luttant l'une contre l'autre, la Madeleine perdue et la Madeleine amoureuse ou repentante. »

J'étais anéanti de ce que j'entendais, et je consentis à suivre la femme qui jetait ainsi au vent et à un inconnu ses plus intimes pensées. Je me laissai guider par elle dans une allée sombre et boueuse ; nous montâmes deux étages, nous entrâmes dans une chambre propre et parfumée.

Une servante y vint une minute après nous ; mais Eugénie la poussa rudement à la porte, et nous fûmes seuls.

— Voici mon premier instant de vrai bonheur depuis six ans, me dit-elle en se jetant à genoux auprès de la chaise où je m'étais assis. Voici la première fois que j'oserai me révolter contre les ordres de *Madame* ; je suis ici votre sœur, votre amie, votre esclave. Commandez, monsieur Duclos, ou plutôt obéissez-moi d'abord. Allons, allons, déshabillez-vous et couchez-vous dans ce lit, qui est propre et qui vous appartient désormais. Cet asile est également à vous, à vous seul jusqu'à ce que vous ayez ressaisi la santé. Je suis, quoique votre servante, la maîtresse de la maison, et je vous ordonne de vous coucher.

J'obéis, et le sommeil ne tarda pas à me gagner. Quelques heures après je me réveillai, je demandai mes vêtements. Quels ne furent pas ma surprise, et mon attendrissement, et mon admiration! Ils n'avaient pas une déchirure; Eugénie avait appelé une compagne à son aide, et toutes celles qui furent libres passèrent la nuit à réparer ma redingote, mon pantalon et mon gilet.

Vous tomberiez en adoration devant cet essaim de vierges-folles dont je vous parle, si je vous disais par combien de zèle ardent, de soins pleins de délicatesse elles cherchaient à me faire oublier ma misère et à me rendre à la santé. Quand elles montaient l'escalier, seules ou en compagnie, j'entendais de mon alcôve le chut-chut protecteur de mon sommeil; et les paroles provocatrices étaient prononcées à voix basse, et les pieds marchaient sur la pointe, et un petit et faible juron insultait au craquement du parquet ou de la dalle. Jamais pieuses et saintes sœurs des hospices n'ont montré, dans les longs corridors de leurs chers malades, plus de prévenances, plus de tendresse, plus de religion.

Quant à Eugénie, là, presque toujours là, étudiant avec amour les progrès de la guérison, priant Dieu comme si elle y croyait, — peut-être parce que toute tendresse crée un culte, — il fallait la voir heureuse et sautillante lorsque je lui tendais la main et qu'elle y trouvait un peu de fraîcheur; il fallait la voir pâle et tremblante lorsqu'elle devinait que la fièvre venait me ressaisir.

Le ciel doit s'ouvrir à de pareilles créatures, et Eugénie n'est pas la seule en ces lieux de corruption et de repentir qui ait aimé, qui aime, qui prie et qui ait prié.

Mais quelque soin qu'elle eût de me cacher ses courtes absences, quelque attention qu'elle mît à ne s'éloigner que lorsque mes prunelles étaient closes, je remarquais ses escapades et, je dois le dire, je les voyais avec jalousie. Quand elle rentrait rouge, en désordre, échevelée, mes yeux l'étudiaient avec douleur, les siens se baissaient avec amertume, elle s'asseyait douloureusement au pied du lit et me disait d'une voix tremblante :

— Il faut penser à l'avenir.

Cet avenir, messieurs, ce n'était pas le sien, dont elle se souciait fort peu ; cet avenir auquel elle se sacrifiait avec tant de regret et de bonheur à la fois, c'était l'avenir de Chodruc-Duclos, sa première passion, et aussi sa dernière.

Je pus sortir : Eugénie et ses camarades vinrent me faire leurs adieux ; je leur donnai à toutes un serrement de main amical, je baisai au front la pieuse mondaine ; et lorsque je fus au pied de l'escalier, *Madame* me remit une bourse.

Je la reçus. Je sortis, je comptai :

Dix louis en or, quatre pièces de deux francs, et ces mots : « Amour d'Eugénie, amitié de ses compagnes. »

Le lendemain Eugénie reçut une alliance

où son nom et le mien étaient gravés. Rosa, la plus dévouée après elle, accepta des boucles d'oreilles. Augustine se trouva heureuse d'un gracieux chapeau, et le reste de l'argent fut employé à l'achat de gants qui parurent un luxe inusité à tant de généreuses filles.

— On devine bien que vous êtes de bonne maison, me dirent-elles en me voyant rentrer chez moi la nuit. Des gants! fichtre! que c'est cossu! à nous des gants!... c'est-il farce! Un petit doigt de *chenic*, à la bonne heure! »

Un pareil idiome et un cœur pareil!...

Moralistes, à l'ouvrage!

CHAPITRE VI.

JALOUSIE.

Hier, 21 (il est des époques et des jours que le cœur n'oublie jamais), je fus témoin d'un spectacle qui m'enfla d'orgueil et qui eût donné de la vanité au plus humble.

Je suis si singulièrement bâti, que personne au monde, peut-être, ne s'est montré accessible autant que moi, soit au sarcasme, soit à la raillerie. Encore aujourd'hui je suis fier de l'éloge d'un porteur d'eau, de son attention quand je passe, de ses égards s'il me laisse le haut du pavé. Si un de ces hommes bien pincés l'été, bien calfeutrés l'hiver, glisse à contre-bord de moi qui n'ai qu'une demi-redingote, un demi-pantalon, un gilet sans dos, un chapeau qui n'en est pas un, des souliers qui n'ont jamais été que des lisières; et que ce haut seigneur de l'élégance fasse halte et se pose devant une arcade du Palais-Royal, pour suivre avec intérêt ma marche rapide et régulière, je me sens quelque chose : je me crois cent fois plus qu'un déguenillé, qu'un abandonné, qu'un mendiant.

Il y a des curiosités qui me blessent profondément, il y en a d'autres qui me donnent six coudées de taille; et je ne m'y trompe pas, je distingue parfaitement celles-là de celles-ci, et il m'est souvent arrivé,—je crois l'avoir mis quelque part,— de refuser certaine aumône qui m'était faite par un fat ou par un sot.

Ce n'est pas tout que d'être humain, il faut être généreux dans son humanité; la manière de donner décuple le bienfait, et la charité est peut-être moins une vertu que la délicatesse.

Ce n'est pas vous qui pouvez faire ces distinctions, riches et puissants, blasés sur toutes les émotions de l'âme; ce n'est pas non plus le mendiant de naissance et par habitude; c'est quelquefois le mendiant timide et honteux; c'est toujours moi, moi Chodruc-Duclos, autrefois fashionable, jeune et fort comme vous, plus impérieux, plus brave que vous sans doute, et aujourd'hui réduit, par orgueil et vengeance, à ce que vous voyez.

Si vous vous promenez au milieu des ruines de Thèbes, parmi les tronçons et les pilastres dispersés de Babylone; si vous foulez du pied les savants et glorieux débris d'Athènes, il est impossible que vous vous fassiez une idée de ces grandes cités mortes par le frottement du temps ou par la civilisation plus dévastatrice encore : et cependant vous ne pouvez vous empêcher de vous jeter dans le passé, pour retrouver, par les leçons de l'histoire, les magnifiques monuments qui ont fait la gloire de peuples aujourd'hui à la tombe.

Je vous défie (et le rapprochement va sans

doute vous irriter contre moi, tant vous y trouverez d'orgueil), je vous défie, dis-je, de soupçonner le superbe Duclos de Bordeaux, à l'époque de ses chevaleresques amours et de toutes ses chaudes luttes avec toutes les passions des hommes; de ce Chodruc Duclos, brisé, mutilé, pour ainsi dire dépecé, infatigable promeneur du Palais Royal.

L'œil et le cœur y sont encore; mais peu de personnes voient l'œil, pas une ne voit le cœur... On ne regarde que les haillons.

Revenons sur nos pas, car mon humeur philosophique vient de m'entraîner bien loin du dramatique récit que j'ai à vous faire. Écoutez donc, si vous en avez le temps.

Je vous ai parlé d'Eugénie, cette folle jetée si aveuglément à la brutalité des hommes, si pieuse pourtant dans ses affections, si dévouée dans son amour. Il faut que je vous en reparle encore.

Les amies, les compagnes d'Eugénie, croyant qu'elle recevait toutes les confidences de ma vie aventureuse, dans les courts entretiens que nous avions ensemble, la questionnaient souvent avec importunité, pour savoir d'elle quelques-uns de ces traits de courage et d'héroïsme dont la voix publique m'avait fait le héros; et la généreuse enfant imaginait monts et merveilles pour me grandir à leurs yeux. Comme elle m'appelait son amant, quoique je n'eusse fait que lui serrer la main, elle trouvait un bénéfice personnel dans ces récits, dans ces contes, dans ces exagérations; de telle sorte que *ses sœurs*, qui l'avaient d'abord ironiquement appelée madame Duclos, l'estimèrent plus tard fort heureuse de sa prétendue liaison avec moi.

Dans le joyeux bercail de madame *** triomphait par ses érotiques lazzis, comme Eugénie par son frais embonpoint, une jeune émancipée qu'on appelait Antoinette, et dont on abrégea dans l'avenir la longueur du nom en proportion de l'amitié qu'elle avait su conquérir. Ainsi, après Antoinette on l'avait nommée Toinette, puis Nette, et dans le quartier bien des gens savaient que ce nom était aussi une qualité.

Nette était courte et brune; elle roulait

plutôt qu'elle ne marchait dans la rue et sur les trottoirs, où sa voix stridente chantonnait toujours quelques-uns de ces refrains, catéchisme traditionnel des maisons où Nette avait fait son éducation première. Je vous aurais défié de voir cette pétulante fille sans vous arrêter pour la suivre de l'œil au milieu de ses évolutions, et sans vous écrier : « Qu'elle est heureuse ! »

Les rivales détrônées la surnommaient aussi mademoiselle *Ciboule*, parce qu'elle était ronde par les joues, ronde par la poitrine et ronde... partout. La folle tirait vanité de tous ces avantages ; et, quand elle manquait à la table de madame ***, le dîner était moins bruyant, le repas moins prolongé.

Nette ou *Ciboule* contait à merveille, et savait par cœur ana présent ou passé ; sa mémoire était une vraie fournaise où s'engouffraient, pour s'y revêtir de formes plus âcres, les chansons clandestinement imprimées dans Paris, et que les sales agents de la police récitent, à demi avinés, dans leurs prières de chaque jour.

Mais je ne sais comment il se faisait que les mots scabreux et les pensées échevelées perdissent de leur cynisme en passant par la bouche de mademoiselle Ciboule. Toujours est-il que ce qui aurait dégoûté chez une autre vous amusait chez elle.

. . . . Sa bouche est un trésor ;
Sous son caquet brillant, le cuivre devient or.

On m'a souvent assuré, dans la rue Pierre-Lescot, que mademoiselle Nette était l'auteur d'un grand nombre de ces complaintes poétiques et naïves rimées au dernier jour d'un grand criminel. Je l'en crois bien capable : sa tête était un volcan, sa parole une lave, ses regards une gerbe de feu. Avec ces qualités, on doit être poète ou mollusque.

Nulle brebis errante de la maison de madame *** ne se mettait avec plus de goût que mademoiselle Antoinette — Toinette — Nette — Ciboule ; et Eugénie, elle-même, baissait pavillon devant l'élégance de son amie, qui devint bientôt sa redoutable rivale. Je ne sais comment elle s'y prenait pour ajuster à sa taille les vêtements du soir à elle alloués par la maison; car enfin elle était aussi dodue que les autres étaient longues et fluettes, et cependant, à l'aide de petits nœuds, d'aiguilles plantées par ici, d'épingles plantées par là, de plis dessinés avec grâce, de ruches accourcies ou rallongées, de fichus jetés sur les épaules ou sur les bras, les corsets, les robes, les jupes semblaient tout exprès taillés pour elle et par une bonne faiseuse. Nette était le second orgueil de madame***, Eugénie en était le premier. Ciboule enlevée, l'établissement devait être en souffrance; Eugénie morte, le temple devait périr.

Dès qu'une querelle s'engageait dans cette rue si propice aux pugilats et aux attaques nocturnes, dès que les chapeaux roulaient à terre, dès que les fronts se couvraient de boue et de sang, dès que les os craquaient sous le bâton noueux, dès que la foule agglomérée stationnait, impassible témoin de ces batailles de chaque jour; et que la police, qui les faisait naître souvent, feignait d'accourir pour saisir les lutteurs, vous étiez sûr de trouver Toinette-Ciboule à côté du péril, et, telle était l'affection qu'on lui avait vouée dans le quartier, que bien souvent le combat cessait à une parole de sa bouche, à un geste de sa main. Mais il est juste d'ajouter que Toinette, fort curieuse des mouvements terrestres, faisait rarement le geste ou prononçait la parole, et que la mêlée avait son cours jusqu'à l'extinction complète d'une des parties belligérantes.

La seconde place d'honneur de la maison de madame *** n'allait pas plus à mademoiselle Ciboule que le second rang n'allait à César dans Rome la conquérante ; et la rusée matoise, témoin et confidente de la passion d'Eugénie pour moi, s'était dit : « Si je chasse de la rue Pierre-Lescot l'Homme à la longue barbe, à coup sûr Eugénie désertera le quartier. » Mais, dans l'impuissance où elle se vit de m'éloigner d'un gîte que j'occupais depuis plus de seize ans, Ciboule se dit encore, dans sa vanité féminine : « Pourquoi ne remplacerais-je pas cette mijaurée d'Eugénie dans les affections de M. de Duclos ? Elle est plus grande que moi, c'est vrai; mais je suis plus ronde. Elle est plus blonde que moi, c'est vrai encore; mais je suis plus brune. » — La Palisse n'eût pas mieux dit. — « Enfin, nous sommes du même âge; elle a dix-huit ans, je n'en ai que dix-sept depuis six mois: donc je puis lutter à armes égales. Luttons et triomphons. »

La lutte fut rude, chaude, animée, incessante. Quand je passais, le jour, sous les étroites croisées de madame ***, soit qu'il gelât à plusieurs degrés, soit qu'une chaleur écrasante s'engouffrât dans ce long boyau pestiféré, Ciboule lançait amoureusement sur ma tête tantôt un nœud de rubans provocateur, tantôt une fleur emblématique; et la pauvrette ne quittait son observatoire que sur les ordres réitérés et sur les menaces de la dame du lieu, acariâtre et grondeuse comme la plupart de ses pareilles.

Ce n'est pas tout: Antoinette, lorsque son rôle l'appelait au dehors, se moquait parfaitement des agaceries dont elle était l'objet; et si elle me voyait paraître au coin de la rue, il n'est pas de gentils madrigaux et de coquettes déclarations qu'elle ne m'adressât, avec un doux sourire et avec son organe d'ange foudroyé.

Mais, hélas! ces lutineries perpétuelles, ces prévenances chaleureuses, toutes ces attaques féminines faites en plein soleil ou au sein des plus épaisses ténèbres, devaient jeter dans la maison de madame***, un désordre épouvantable... L'échafaud pouvait se dresser au bout de tout cela.

Eugénie avait vu le manége de ses compagnes, et son cœur s'en était effrayé. Craintive et modeste, comme toute âme aimante, elle ne se reconnaissait pas assez de mérite pour me subjuguer, et trouvait, au contraire, dans sa rivale, toutes les heureuses qualités qui font les nobles et durables conquêtes. Sa jalousie, à elle, se trahissait par des soupirs et des larmes; elle pleurait quand elle était seule, elle pleurait au milieu de ses sœurs goguenardes, elle pleurait la nuit, elle pleurait le jour. Ses yeux étaient devenus deux abondantes fontaines d'où s'échappaient des pleurs amers, qui semblaient entraîner avec eux la jeunesse et la fraîcheur de la pauvre enfant.

Je crus Eugénie malade, et je le lui demandai un soir avec un touchant intérêt.

— Oui, je souffre, me dit-elle en poussant un gros soupir et en me serrant la main. Oui, je souffre, et c'est vous qui en êtes cause.

— Moi?

— Oui, vous, Émile.

— Je n'ai cependant rien fait qui puisse vous affliger.

— Eh! vous savez bien ce que je veux dire, monsieur Duclos, et votre peu de franchise me fait autant de mal que votre froideur.

— Voyons, expliquez-vous. Je dois une consolation si vous êtes dans la peine; car je vous sais bonne, généreuse, et je ne doute pas de toute l'amitié que vous avez pour moi.

— Vous vous trompez, monsieur Duclos, ce n'est pas de l'amitié que j'ai pour vous; c'est de l'amour, mais un amour qui me fait bien mal, qui me tuera peut-être.

— Enfant! tu es trop insoucieuse pour

nourrir une passion mortelle, et tes fraîches couleurs me rassurent ; mais parle et dis-moi les reproches que tu as à m'adresser.

— Tu fais la cour à Toinette.

— Je ne fais pas la cour à Toinette.

— Pas d'équivoque.... tu fais la cour à Ciboule.

— Je ne fais point la cour à Ciboule.

— Alors elle te la fait, elle.

— C'est possible ; mais je ne m'en suis point aperçu.

Un cri terrible sortit d'une petite porte voisine, retentit bruyamment comme la chute d'un aérolithe, et Ciboule se trouva placée entre nous deux, pareille à une phrase entre deux parenthèses.

CHAPITRE VII.

AMOUR, TU PERDIS TROIE!

Eugénie et moi nous restâmes pétrifiés.

— Eh bien! oui, je lui fais la cour, à ton mirliflor d'autrefois; oui, matin et soir je lui adresse gaudrioles; oui, je lui jette des rubans, des bouquets par la croisée; oui, tout cela est vrai, comme il est vrai qu'il le sait aussi, lui, l'infâme menteur, qui nous trompe toutes deux à la fois et bien d'autres encore. Mais, puisque vous déblatérez si bien sur mon compte, puisque vous me déchirez si proprement quand vous me croyez absente, voici pour vous remercier l'un et l'autre.... Vlan! vlan!

Et dans deux soufflets pareils à des applaudissements de chef de claque, tombèrent presque au même instant sur la joue d'Eugénie et sur la mienne. J'allais rendre à la dodue impertinente la monnaie de sa pièce, quand Eugénie retint mon bras et m'empêcha de frapper.

— Et si je veux qu'on me tape! s'écria de nouveau Toinette en croisant ses bras et en se posant dramatiquement sur une hanche; si je veux qu'il me giffle! personne n'a le droit de l'en empêcher. Tiens, poursuivit-elle, voilà ma joue : tape dur, je t'en prie; c'est un service que je te demande.

— C'est un service que je ne te rendrai pas, lui répondis-je en tournant les talons.

— Eh bien! c'est sur Eugénie que je me vengerai.

Le feu était au camp : les langues se turent, mais les yeux et les poings se parlèrent. On fit cercle autour des deux gladiateurs femelles, dont, à moins de m'exposer à des violences extrêmes, je ne pus m'approcher. Les cheveux et les chiffons volaient en l'air, les collerettes étaient en charpie, les robes et les gazes en lambeaux; les ongles jouaient leurs rôles de destruction, et traçaient de profondes rigoles sur les épaules et les joues des deux athlètes acharnées. Les spectateurs disaient : « Assez, » les spectatrices disaient : « Allez toujours ; » et déjà les formes nues d'Eugénie et de Ciboule se dessinaient aux regards des curieux, quand la police et la garde arrivèrent.

Dix minutes après, Nette et Eugénie, enfermées au violon, mais dans des chambres distinctes, rajustaient les débris de leurs vêtements et faisaient demander des renforts à madame ***.

La police correctionnelle ne se mêla pas de cette affaire; et mes deux implacables rivales sortirent du violon vingt-quatre heures après, plus animées que jamais, plus disposées à ne pas se céder un pouce de terrain.

La maîtresse ingénieuse et prudente de la maison habitée par Eugénie et Ciboule, n'avait garde de se priver de ces deux puissantes colonnes de son établissement. Elle essaya d'abord de les calmer par les menaces; puis elle les adoucit par les prières, puis enfin elle obtint d'elles, à l'aide de petits cadeaux, qu'elles renfermassent dans leurs cœurs leur haine et leur amour. Chacune promit, chacune jura ; mais pas une d'elles ne devait tenir ni ses promesses, ni ses serments.

Il y eut pourtant une sorte de trêve consentie et signée: les amies, les compagnes des deux folles résolurent, en conseil féminin, de les forcer à une paix loyale; et, pour cela, elles rédigèrent un pacte dont je dois avoir copie exacte dans mes papiers.

Justement le voici :

« Entoinette-Toinette-Nette-Siboule,

» Et Ugénie Langlois, ditte Lallemande, ce jur deven toutes une pai é ternel.

» Si l'une i manq, les otr ne la menqueront pa. Que moseigneure de Duqlo aim l'une, Siboule tâchera de ce consolé. Que ce même susdi Duqlo chérice l'otr, Ugénie ne ce périra pa; parsequ'après tou Duqlo n'et pa bo du tou, et ne méritte pa que la mézon soye eu dœuil !!!

» Donque Ugénie et Siboule se jur amittié sur lé sendre de leur mère et paires, quelqu'an soye le nombre.

» Signée :

» Poure Ugénie, *Langlois* ditte *Lallemande*,
†

» Poure Entoinette, *Toinette-Nette-Siboule*,
†

» Et témoin :

Clara la *Baïadair*.
Angélica l'*Anjoleuse*.
Évelina la *Bergamote*.
Paméla l'*Anguille*.
Emma la *Marseillaise*.
Zénobie la *Pachate*.
Fransoise la *Rouce*.
Chonchon la *Mal-Péniée*.
Foncine l'*Équreuil*.
Delfine la *Moucharde*.
Caroline *Courte en pates*.
Fanfine *Chenilion*.

Victorine la *Colombe.*
Judite la *Moricôde,* la *Négriliôde,*
la *Viande Daffriq.*

» Poure quopi qu'on forme :

» MAME DE SEIN-ALLEDÉGONDE,
» DE SEING-HIL-DE-FONCE. »

Nette et Eugénie entendirent avec impassibilité la lecture des articles contenus dans cette sorte de protocole ; et toutes deux, après bien des grimaces, après bien des murmures, après bien des minauderies, s'avancèrent vers la table où était déposé le papier sacré, prirent une plume et signèrent leurs noms et prénoms, sans aucune faute d'orthographe... Elles firent les deux croix que vous avez vues.

Un banquet fraternel termina cette soirée aussi paisible, aussi consciencieuse que celles qui closent les actes diplomatiques de toutes les cours du monde ; et en descendant l'escalier pour leurs promenades habituelles, les deux ennemies réconciliées se serrèrent cordialement la main...

Eugénie eut le pouce entamé ; une large

déchirure força pendant quelques jours la ronde Toinette à se priver de l'usage de gants. Amitié de femme laisse toujours quelques traces.

Tout en était là dans la maison de madame ***, au numéro 22, où je logeais, et dans la rue Pierre-Lescot, lorsqu'un soir, vers minuit, une jeune femme monte chez moi et frappe rudement à ma porte. Selon mon habitude je garde le silence, car je défie qui que ce soit de m'avoir entendu, depuis huit ans que je niche dans ce trou, prononcer une seule parole. Mes gestes et mon regard, voilà toute mon éloquence, voilà tout mon vocabulaire.

On frappe plus fort, on m'appelle par mon nom, par mon prénom... nul écho. On me prodigue les épithètes les plus caressantes... rien.

— Est-il mort aussi? se dit-on tout bas. Ce mot, *aussi*, me frappa au cœur, j'eus un triste pressentiment de ce qui était arrivé; je bondis, et dans l'obscurité je cherchai mon pantalon.

La porte s'ouvrit.

— C'est moi, monsieur Duclos, n'ayez pas peur.

— Je n'ai jamais eu peur, mademoiselle, et je devine, d'ailleurs, que vous êtes une femme.

— Oui, une femme, une vraie femme, qui vient vous annoncer un grand malheur.

— Est-ce que le Palais-Royal est en feu?

— Non, mais le deuil est chez madame***.

— Grand Dieu! Eugénie...

— C'est cela, vous l'avez deviné.

— Morte?

— Non, mais bien entamée. Elle a voulu se faire périr; d'autres assurent qu'on lui a fait avaler la chose.

— Avalé quoi?

— Que sais-je! de l'eau de javelle, peut-être de l'arsenic, de l'opium, de l'eau-forte; on ne dit pas quoi. Mais levez-vous donc, notre cher monsieur Émile Duclos, nous n'espérons qu'en vous, tout le monde vous désire là-bas; la pauvre Eugénie vous demande à cor et à cris au milieu de ses gémissements : elle ne se consolerait pas de mourir sans vous voir... Mais levez-vous donc, n'ayez pas peur de moi.

— Je suis prêt, marchons.

— Ah ! que vous êtes bon ! elle a bien raison de vous adorer, la chère petite ; et si vous aviez été raisonnable, si vous vous étiez montré moins dur, si vous aviez voulu votre bonheur, vous l'auriez trouvé avec elle. Maintenant tout est dit, n'en parlons plus, monsieur Duclos ; venez, donnez-moi la main.

— Je vous suis.

— Si vous avez besoin de moi, monsieur Emile, disposez-en ; je m'appelle Clara la bayadère, comme on dit dans la maison.

En écoutant la pauvre fille qui tremblait comme la feuille, et dont la voix était sanglotante, je descendis dans la rue ; puis, montant à pas précipités, je me trouvai bientôt dans la chambre d'Eugénie, d'où s'échappaient, terribles et menaçants, des hoquets douloureux.

CHAPITRE VIII.

POISON.

Huit femmes, les unes accoudées, silencieuses, sur une table; les autres assises sur des fauteuils vieux et râpés en damas d'Utrecht, et tenant leur front dans leurs mains, semblaient attendre une dernière agonie : tandis qu'Antoinette, seule debout et adossée à une cheminée en bois marbré, pinçait ses lèvres fines, respirait avec violence, serrait convulsivement ses deux poings, et semblait prête à éclater dans une révélation fatale.

Le lit était en désordre; une couverture grise s'enroulait au milieu de pantoufles, de cuvettes et de flambeaux renversés. On avait tiré à demi les rideaux jaunes qui ondulaient par intervalles sous les gestes saccadés de la malade.

C'était un point de repos, un de ces moments où la douleur, quoique brûlante encore, semble un bienfait : tant la douleur qui l'a précédée est poignante et corrosive. La maîtresse du lieu, vieille spéculatrice de trente-cinq à soixante ans — car il est des figures qui trompent les regards exercés des plus habiles physiologistes, — remplissait de son énorme volume un large fauteuil à bras, et jetait un regard observateur sur toutes ses pensionnaires.

A mon entrée dans la chambre du deuil et de la douleur, toutes les femmes levèrent la tête; et Ciboule tourna vers moi une prunelle furieuse en se frappant le front, et en se disant à demi-voix : « J'en étais sûre, j'ai bien fait. »

Moi seul, je crois, je pus entendre cette implacable exclamation d'une jeune fille en délire; et lui rendant la menace de son regard, je m'approchai du lit d'Eugénie. Le rideau n'était pas encore tiré, qu'un cri déchirant fit retentir l'alcôve et la chambre : c'était une nouvelle crise qui commençait.

— A moi des flambeaux! dis-je en prenant dans mes robustes mains la main froide et crispée de la pauvre fille.

— Voilà, monsieur Duclos, me dit Clara, plus empressée que ses sœurs; rendez-nous-la, monsieur, et nous vous aimerons bien toutes tant que sommes.

A mon nom prononcé une seconde fois, Eugénie ouvrit des yeux vitrifiés et voulut articuler quelques paroles... Ses lèvres violacées ne firent entendre qu'un bruit sourd et incompris.

La malheureuse enfant avait vieilli de trente années en une heure; ses joues étaient creuses, sa peau livide; une sueur âcre et abondante ruisselait de son front, où l'on suivait avec effroi le rapide battement de ses artères.

Sa poitrine haletante s'agitait en soubresauts irréguliers, et ses extrémités déjà froides disaient une catastrophe prochaine.

— Vite, vite, de l'eau chaude, du lait chaud et en abondance !

— Hélas, nous avons tout cela ! me dit Clara, qui pleurait comme une Madeleine repentante; mais Eugénie n'a voulu rien prendre.

— Elle prendra tout de moi, j'en suis sûr; car je vais bien la prier.

Et, me penchant sur cette tête décolorée, je lui adressai les paroles les plus consolantes.

Eugénie m'entendit, ouvrit les yeux, me remercia de l'un de ces regards pareils à un rayon céleste. Je demandai un verre d'eau tiède; Clara me l'apporta, me le tendit d'une main peu assurée. Je fis avaler quelques gorgées de lait et d'eau à la malade; je revins à la charge, je recommençai une troisième fois, et bientôt des vomissements répétés semblèrent provoquer une crise favorable.

— Je cours chez un docteur, s'écria Clara en entr'ouvrant la porte.

— Et moi chez un pharmacien, dit en se levant une autre jeune fille.

— Non, non, m'écriai-je à mon tour, ni pharmacien ni docteur. Ce qu'il me faut ici, c'est du silence; laissez-moi tout le soin de la guérison.

Le lait prodigué obtint l'heureux résultat que j'avais attendu. A chaque spasme, dont l'intensité diminuait sensiblement, je doublais la dose de la boisson; et bientôt Eugénie, accablée sous la lassitude et anéantie, pâle par les sueurs brûlantes qui l'inondaient, respira plus à l'aise. Une douce chaleur arriva aux mains; les bras et les jambes reprirent leur élasticité naturelle; et quand je m'aperçus qu'il ne lui fallait que du repos et du calme, j'allai droit à Toinette toujours immobile auprès de la cheminée; et lui serrant fortement le poignet, je lui dis d'un ton grave mais à voix basse : — Malheureuse! qu'avez-vous fait?

— J'ai fait ce que j'ai dû, me répondit-elle sans s'émouvoir... Seulement la dose n'a pas été assez forte.

— J'ai entendu, dit Clara, qui s'était rapprochée de nous, je le jurerai devant la justice.

— Taisez-vous, Clara, m'écriai-je; taisez-vous si vous m'aimez un peu.

Puis me rapprochant d'Eugénie, dont la voix tremblante m'appelait :

— Hé bien, mon enfant, cela va-t-il mieux?

— Beaucoup mieux; je crois que je suis guérie.

— Qui soupçonnes-tu?

— Personne.

« Oh! garde-toi de soupçonner quelqu'un. Je suis seule coupable. Je croyais que tu ne m'aimais pas, j'ai voulu en finir. »

Hé bien, grandes maisons, hôtels luxueux et parfumés, me donnerez-vous souvent des exemples d'une telle magnanimité? La scène que je viens de vous retracer avait lieu dans une demeure infecte. Les témoins, vous les avez vus; l'héroïne, vous la connaissez.

Je me retournai vers Antoinette. Elle avait ouvert la croisée, elle agitait à l'air un mouchoir..., sans doute celui qui, peu d'instants auparavant, contenait la poudre fatale.

J'ordonnai que tout ce qu'avait vomi la pauvre malade fût jeté dans la rue; on m'obéit, et à ma prière on lava le parquet à grands seaux d'eau. Cependant on chuchotait, et je devinai que Clàra faisait de tristes confidences à ses compagnes. Je les priai de s'asseoir, et là, au milieu d'elles, je leur dis qu'il y aurait honte et lâcheté à faire peser d'odieux soupçons sur qui que ce fût, et que Toinette même avait promis de garder le silence.

— Je n'ai rien promis, s'écria Toinette en frappant du pied.

— Eh bien! nous promettons toutes, s'écrièrent en même temps les vierges-folles.

La parole donnée fut religieusement tenue. Jamais la police, qui visite ces maisons et qui en retire un énorme bénéfice, n'a rien appris de cette étrange scène; jamais ses espions qui vont y préparer leurs coups de main n'en ont su le plus petit détail. Tout a été mort dans ces cœurs de jeunes filles qui battent aussi pour le pardon et la générosité.

Eugénie, quatre jours après, put sortir et

vint me voir dans ma froide chambrette.....
c'est la seule fois que nous nous soyons trouvés
seul à seul pour nos confidences.

Il y a deux ans de cela, je reçus un billet
ainsi conçu :

« Monsthre, ge me péri, non pa parse que
» tu ne m'aime poing, mai parse que je m'em-
» bête dent sette vie. Demin ge serai à la
» Morgue; tu peu venire m'y voire avcq ton
» Ugénie.

» Antoinette. »

J'envoyai copie exacte de ce billet à la Préfecture; et le jour suivant je lus dans les journaux de Paris :

« Hier un marinier s'est élancé dans la
» Seine, malgré la rigueur de la saison, pour
» voler au secours d'une jeune fille bien vêtue
» qui venait de se précipiter du pont d'Auster-
» litz. Saisie par les cheveux, cette malheu-
» reuse cherchait encore à se dégager des
» mains de son sauveur; et ce n'est qu'à
» grand'peine qu'elle a pu être ramenée sur
» la berge. Conduite chez le commissaire de

» police du quartier du Jardin-des-Plantes,
» elle a déclaré se nommer Antoinette Ber-
» geau, être fille libre, et vouloir en finir
» avec la vie. »

J'ai vu passer à l'époque du choléra, sur la place du Palais-Royal, un brancard porté par deux hommes, escorté par une sœur religieuse qui priait et pleurait pour un agonisant.

C'était Antoinette-Toinette-Nette-Ciboule de la rue Pierre-Lescot.

CHAPITRE IX.

UN HASARD.

Quoique ma vie s'épuise maintenant dans une régularité monotone à faire ombrage à une montre de Breguet ou à une horloge de Lepaute, je suis convaincu que Dieu m'avait taillé pour les aventures.

En effet, dès que je m'éloigne de mes habitudes quotidiennes il est rare que le sort, — qui semble toujours vouloir me donner des leçons de morale, — ne jette point sur mes pas ou un individu ou un incident que rien ne m'autorisait à prévoir.

Ce n'est pas un hasard sans logique, la rencontre que je fis un jour d'un célèbre assassin sur un perron du Palais-Royal, sur les dalles du palais des Tuileries, sur les marches de l'église de Saint-Roch, et plus tard..... sur l'échafaud !

Une existence d'oisiveté avait conduit ce grand coupable au crime; une vie sans travail ne pouvait me mener jusque-là, car mon cœur a toujours été bon et les leçons pieuses que ma mère avait jetées dans mon âme, bien que parfois affaiblies, ne s'y sont jamais éteintes.

La paresse m'a conduit au découragement, puis à ce que les hommes, les heureux surtout, ont appelé du cynisme.

La paresse m'a conduit aussi à la rancune, la rancune à la haine, la haine au mépris.

Ce n'est pas non plus un hasard irrationnel qui m'a fait rencontrer sur la berge de la Seine, pendant une nuit rigoureuse, un jeune homme que j'ai entendu depuis appeler poète parmi les plus grands poètes.

Ce jour-là, peut-être, j'aurais suivi dans leur marche, afin qu'ils me servissent de

manteau, les glaçons charriés par le fleuve....
Mais je trouvai dans mon chemin un malheureux, un abandonné, cent fois plus à plaindre que moi, sans doute, puisqu'il avait dans le cœur, puisqu'il avait dans la tête de grandes et belles choses, qui, à une époque moins corrompue, moins égoïste, lui auraient valu la fortune et la gloire.

En général, je me retrempe à tous les obstacles, à tous les contrastes, à toutes les difficultés; ce qui m'a donné de l'ardeur, ce sont les persécutions, ce sont les injustices.

Fouché aurait fait de moi un héros, comme la royauté en avait fait un brave ; Peyronnet a fait de moi un martyr, il aurait pu en faire un homme utile... Ma croix, mon calvaire sont d'une religion proscrite; ses apôtres n'iront pas jusqu'à treize, n'iront pas même jusqu'à douze, car il y a un Judas Iscariote à chasser de toutes les tables saintes.

La religion de Chodruc-Duclos sera moins répandue que celle du Christ, et Chodruc-Duclos pourtant vécut, ainsi que le Christ, dans la pénitence et la pauvreté.

Au Christ, la couronne d'épines et le ciel.

A moi, une couronne d'épines... Racontons...

Le Palais-Royal venait de se fermer, c'est-à-dire que le jardin de ma demeure était clos. A cette heure de la nuit, les galeries deviennent impraticables pour celui qui va d'un pas rapide. Les gens qui cheminaient vers moi s'éloignaient d'assez bonne grâce et m'ouvraient le passage, mais j'étais obstrué dans ma marche par ceux dont je suivais les traces; et, vous le savez, ce qu'il me faut, à moi, c'est la ligne droite.

Donc, je me dirigeais vers ma chère petite et sale rue Pierre-Lescot; mais je me rappelai que je n'avais pas donné d'argent à mon logeur depuis quelques jours, et je ne voulais rentrer que lorsque sa fille seule m'attendrait. Je me dirigeai donc vers les Champs-Élysées; et, comme la nuit était fort propice à mes allures, puisqu'il faisait froid, qu'il pleuvait et neigeait en même temps, je me dis : Marchons jusqu'à ce que le jour arrive.

Les Champs-Élysées étaient franchis; me voici à la barrière, la sentinelle et le *gabelou* me regardent et chuchotent... J'étais reconnu. Dieu ! que la renommée est un lourd fardeau ! J'aimerais presque autant m'appeler Soult, Berryer, Béranger, Hugo, Lamartine, qu'Émile Chodruc-Duclos.

Après avoir dépassé l'admirable arc-de-triomphe, où sont gravés tant de noms illustres et où le mien n'est pas encore, je piétinais sur la droite de la route, et suivais à petits pas la contre-allée. La neige tombait toujours par flocons, et moi dont les vêtements étaient ordinairement si sombres, je me voyais avec une sorte d'orgueil parfaitement abrité sous une épaisse cape blanche.

La Porte-Maillot était derrière moi, ainsi que le petit village des Sablons, aux fenêtres duquel brillaient quelques rares lumières ; car onze heures venaient de sonner, et vous savez que la campagne s'endort au moment où Paris se réveille.

J'allais toujours, au milieu d'un profond silence interrompu seulement par le brisement du givre qui craquait sous mes pieds... Un bruit de voix confuses arrive jusqu'à moi : je prête l'oreille, je tends le cou, j'ouvre les yeux qui plongent dans les ténèbres, et je vois, à vingt-cinq ou trente pas, une voiture arrêtée. Je me dirige vers ce point, et, dans l'espérance d'être utile à quelque malheur, je me cache derrière un arbre. C'était une querelle, une attaque, un rapt ; je n'étais pas encore fixé, mais les mots qui me frappaient attestaient une violence :

— Arrêtez, ou je vous brûle la cervelle... —Silence! pas un mot... —Et vous, madame, descendez. —Mais, monsieur... —Descendez, vous dis-je.

Je m'élance comme un dogue furieux.

— Si cette dame ne veut pas descendre, elle ne descendra pas, m'écriai-je d'une voix terrible.

— Qui ose me parler ainsi ?

— Moi, Émile Duclos.

— Ah! ah! le mendiant du Palais-Royal?

— Oui, oui, le mendiant du Palais-Royal, qui n'implore pas en ce moment, mais qui ordonne.

— Et voici qui va te fermer la bouche.

L'étranger braquait en ce moment un pistolet sur mon front; mon bras saisit l'arme et l'arrache avec violence, je la dirige sur la poitrine de mon adversaire et je lui dis :

— J'ignore, monsieur, quels sont vos droits sur madame; mais quels qu'ils soient, je vous en dépouille dès ce moment. Puisque vous me connaissez, vous devez savoir si je suis homme de résolution et si j'ai beaucoup à perdre en achevant ma vie par un meurtre. L'occasion m'est offerte de protéger quelqu'un, une jeune et belle dame : je persiste, et malheur à vous si vous me suivez... — Quant à toi, dis-je en m'adressant au cocher, tourne bride et va-t'en vers la barrière. Vous, madame, poursuivis-je en adoucissant l'éclat de ma voix, vous aurez le courage de continuer quelques instants votre route à pied. Je marche derrière vous; je suis comme un défenseur, comme un valet dévoué : vous n'avez donc rien à craindre de personne, pas même de monsieur, qui va s'éloigner sans retard. Vous ferez halte, si vous le voulez, dans la première auberge venue... J'ai dit.

CHAPITRE X.

COUP DE THÉATRE.

La jeune dame descendit du fiacre, pâle et tremblante. Le cocher vira de bord, et l'inconnu disparut dans l'ombre de la contre-allée.

Il y eut un long moment de silence entre la dame et moi; mais enfin elle daigna m'adresser la parole :

— J'ai entendu parler de vous, me dit-elle; vous êtes bien malheureux.

— Pas tant, puisque je vous rends service.

— Un service fort signalé, monsieur; car bien certainement cet homme m'aurait tuée.

— Un amant jaloux sans doute?

— Plus que cela; un mari furieux... Voyez, monsieur, autour de vous, s'il nous suit encore. Je n'ose détourner la tête.

— Ne craignez rien, madame; il me sait homme de vigueur et d'énergie. Cependant, comme je ne veux pas qu'il me prenne pour un assassin, et qu'en toute rencontre les chances doivent être égales, je me débarrasse de son pistolet que je jette dans le champ voisin.

— Cela est bien imprudent, monsieur.

— Il est des cas où l'imprudence est une sûreté. Avec ma longue et sale barbe, avec mes haillons, avec ma vie errante, un pistolet en mes mains, à cette heure, auprès d'une femme que je devine jeune et belle au travers de son voile et de sa longue pelisse, suffirait pour me faire condamner comme ravisseur, comme brigand peut-être. Un mot du mari suffirait pour cela, et vos serments ne me sauveraient pas du bagne ou de l'échafaud.

La dame frémit et hâta sa marche sans me

dire une parole, sans détourner la tête. Je sifflotai, je bourdonnai quelques petits airs de vaudeville, quelques chansonnettes, pour la convaincre que j'étais parfaitement rassuré; je me tins à une distance plus respectueuse d'elle pour la rassurer à mon tour, et nous cheminâmes ainsi pendant un quart d'heure à peu près.

Avant d'arriver au pont de Saint-Cloud, la dame quitta la grande route, descendit dans un petit sentier aboutissant par une pente légère, et à l'aide d'un coude, à une maison de campagne d'un aspect ravissant.

— Je n'ai plus rien à craindre maintenant, monsieur, me dit une voix tremblante de froid et de peur; merci. Mais comme je ne veux pas vous montrer une stérile gratitude, allez demain, à midi, rue Neuve-des-Mathurins, hôtel...; le concierge vous remettra une bourse.

— Pardon, madame, dis-je en m'arrêtant et en écrasant mon chapeau sur la tête, ce n'est pas un mendiant qui vous a délivrée d'une attaque brutale; c'est un homme, un homme de cœur, un homme qui s'exposait à recevoir une balle dans la poitrine; et à ce compte-là un merci tout court eût mieux valu cent fois qu'un merci et de l'or... Adieu.

J'allais la quitter en effet, lorsqu'un bruit de pas derrière des broussailles appela mon attention. Un corps à moitié courbé courait parallèlement à la fugitive, et semblait attendre une issue afin de pouvoir se rapprocher d'elle. Mon parti fut pris : je me lançai dans l'avenue opposée, je me courbai à mon tour, et j'attendis les événements.

La dame allait, allait, de façon à me faire soupçonner qu'elle avait oublié le danger de sa poursuite dans l'attente de la sécurité à venir. Derrière elle un mari, devant elle un amant... Jugez si sa marche était rapide.

Elle était arrivée à dix pas de la grille de fer clôturant et protégeant à la fois la maison de campagne, d'où je vis sortir seul et dans l'ombre un homme grand, couvert d'un manteau et cheminant à pas pressés. Tous quatre, le mari, la femme, moi et le nouveau venu, nous pouvions d'un seul bond atteindre la grille. La dame allonge la main et touche un chaton... elle ouvre la porte, on l'arrête violemment par le bras.

— C'est encore moi, dit le mari courroucé.
— Et moi, dis-je d'une voix calme.
— Et moi, dit le nouvel arrivé d'un ton protecteur.

La femme s'était adossée à un des pilastres du péristyle.

C'était monsieur le comte de B.
C'était madame la comtesse de B.
C'était mon ancien ami.......

C'était Chodruc-Duclos, que ce dernier n'avait pas reconnu.

Dès que je vis à qui j'avais affaire, je regrettai de m'être débarrassé de l'arme du comte; mais je m'en réjouis un instant après, car, me plaçant en face de l'amant, je lui dis :

— Tu ne t'attendais point à cette rencontre, noble séducteur; mais cette dame qui vient ici pour la première fois, et que je veux rendre à son mari outragé, ne voudra sans doute plus écouter l'amant qui la courtisait, quand elle sera témoin du châtiment que je lui inflige.

Et, crachant sur la face de mon ancien ami, je dis au comte de B. : — Voilà votre femme, monsieur; j'espère que cette triple rencontre l'aura rappelée au sentiment de son devoir.

Le lendemain, au moment ou j'allais acheter des pommes à la fruitière de la porte du Palais-Royal qui touche au théâtre, un monsieur et une dame descendaient d'un luxueux équipage. C'était le comte et madame la comtesse de B., dont la paix avait été signée; car ils causaient entre eux d'une façon amicale.

Le surlendemain je fus victime d'une attaque nocturne; quatre estafiers me frappèrent à grands coups de bâton, à une heure du matin, au coin de la place du Palais-Royal; et, malgré mes cris, nul soldat du poste ne vint à mon secours.

Ma tête fut ouverte; mes côtes et mes épaules brisées....

CHAPITRE XI.

UNE ESPÈCE DE RÉVOLUTION.

1830 venait de sonner. Paris était debout, les citoyens s'armaient de bâtons, de sabres, de fusils ; les rues se barricadaient de pierres, de voitures, de meubles et de cadavres. La fusillade retentissait de toutes parts; le tocsin envahissait les airs, et dans les rues, dans les carrefours, sur les places publiques, au centre des palais, le cri *aux armes* se perdait d'échos en échos, les balles sifflaient et trouaient des poitrines.

Hommes, femmes, enfants, vieillards; riches, artisans, pauvres, artistes, ouvriers surtout, se déchaînaient contre les gardes royaux qui ne leur avaient fait aucun mal, contre les gardes-du-corps qui auraient voulu leur en faire, et contre un roi qui ne leur avait fait aucun bien.

Pendant trois jours, ni plus ni moins, on se battit; on prit et reprit des églises, des casernes, des châteaux, des postes; pendant trois jours, ni plus ni moins, les pères et les fils s'excitaient à la révolte, que d'autres ont appelée révolution, et que j'appelle, moi, une farce. Les mères alarmées veillaient la nuit pour avoir des nouvelles de tout ce qui leur était cher... Bref, c'était un tohu-bohu épouvantable, universel, dont on attendait le dernier soupir avec une horrible anxiété.

Seul dans Paris peut-être, j'étais étranger à ce bacchanal né d'un mot et qui devait finir par un mot. Nous avions un roi de France, on nous a octroyé un roi des Français; le reste alla comme devant, si ce n'est un peu moins bien... Qu'en dites-vous? Au lieu de quatre cents millions d'impôts, vous ne payez qu'un milliard et demi; au lieu de grandes espérances, vous avez de grands regrets; au lieu de gardes-du-corps et de gardes royaux, vous avez des armées de sergents de ville et de mouchards... Il n'y a que les ministres qui n'ont pas changé de nature : c'est toujours la bonté dans ce qu'elle a de plus affable, l'abnégation dans ce qu'elle a de plus généreux, la justice dans ce qu'elle a de plus digne, la droiture dans ce qu'elle a de plus noble, le patriotisme dans ce qu'il a de plus pur. Quant aux autres hommes et aux autres choses, c'est à l'avenant : on a mis les places, les honneurs — j'allais dire déshonneurs — les titres, les priviléges, aux enchères, le plus offrant a obtenu. Vive le roi !... mais lequel?

Pauvres moutons! comme vous vous laissez tondre! Allez! allez! vous êtes plus déguenillés que moi.

Et pendant que ces grandes, ces magiques, ces merveilleuses, ces incroyables choses se passaient, pendant que les hôpitaux s'emplissaient de blessés et les maisons de deuil, que faisait Duclos?

Émile Chodruc-Duclos, l'homme à la longue barbe, le Croquemitaine des marmots, le fou, le maniaque, le cynique, se promenait, comme par le passé, au milieu des balles qu'il laissait errer, sans se soucier le moins du monde de leur sifflement.

Oui, mes héros, on a pu me voir, pendant vos trois glorieuses, seul, les bras croisés, poursuivant sans me ralentir mes promenades quotidiennes dans mon palais, et la foule des hurleurs se ruait de part et d'autre avec des cris, des frémissements qui ressemblaient à du courage; je m'asseyais tranquillement sur un perron, sur la devanture d'une boutique, et je saluais les balles au passage.

— Duclos! Duclos! me cria un libraire de mon palais en voyant ma figure envahie par les éclats des briques, sauvez-vous, on vous tuera.

— Les balles ont mieux à faire, répondis-je à mon peureux.

Ce sont les seules paroles que j'aie prononcées pendant que s'accomplissait la grande révolution qui a donné un Guizot, un Thiers, un Molé, un Duchâtel, un Martin (du Nord), à la place d'un Peyronnet, d'un d'Haussez, d'un Chantelauze, d'un Polignac : bonnet blanc, blanc bonnet.

Et ils m'appellent fou! qu'êtes-vous donc, messieurs les sages?

On m'a prêté un mot fameux, qui est une cruauté : je ne l'accepte ni ne le répudie; libre à chacun, selon sa pensée, d'en croire ce qu'il voudra. Racontons le fait — je dis le fait — seulement je vous préviens que je n'aime les fables qu'entre les mains des enfants.

La fusillade était vive de la rue de Chartres au Palais-Royal : l'échange de balles se faisait avec activité; les partis perdaient du monde sans perdre un pouce de terrain; et, pour mieux juger de l'état des choses, je me dirigeai sur le champ de bataille. C'était beau! c'était curieux!

Adossé à une colonne, derrière laquelle il se cachait après avoir fait feu, un brave garçon d'une vingtaine d'années tirait sur un garde royal qui, détaché des siens, semblait avoir accepté un cartel du héros de Juillet — comme on les a nommés depuis. — La barricade, le mur étaient criblés; mais les deux champions, toujours debout, ne s'atteignaient jamais. Impatienté de leur maladresse, je m'approche du bourgeois, et le débarrassant de son fusil :

— Tiens ! lui dis-je, voici comme on vise.

Et déchargeant l'arme, je fis faire un plongeon au garde royal.

— Si je ne continue pas, ajoutai-je à la blouse ennoblie, c'est que *ce n'est pas mon opinion*.

Le mot a été trouvé assez curieux par quelques hommes d'esprit qui en empruntent volontiers à leurs voisins, et qui n'ont pas rougi de se l'approprier.

En aucun temps du monde, en aucun siècle de chevalerie, on n'a vu plus de grandeur d'âme, de magnanimité, de noblesse, de dévouement. Chaque bambin avait cinq pieds, chaque homme de cinq pieds avait dix coudées. J'ai connu vingt combattants qui tous sont entrés *le premier* au Louvre; et trente au moins qui ont pris, *à lui tout seul*, la caserne de Babylone.

Ce sont des choses vraiment honteuses que celles qui ont eu lieu autour de nous — car je compte encore — après ces trois illustres journées : on s'était battu, on avait triomphé, on avait chassé les Bourbons aînés pour prendre les Bourbons cadets. On avait tout volé dans les coffres, dans les arsenaux; l'on avait tout rendu, et voilà.

Eh bien! le drame complétement clos, entièrement achevé, chacun des triomphateurs tend la main encore noire de poudre ou de lie de vin, et demande à genoux autre chose que ce qu'il avait obtenu debout.

En vérité, c'était dégrader la victoire; et je ne comprends pas que le ruban de Juillet, qu'on accorda si libéralement à tant de libéraux, n'ait pas jeté la France dans une extase dont elle n'aurait jamais dû se relever.

Pour ce qui me regarde, je déclare que je n'ai rien demandé, malgré le sang-froid que j'ai montré au milieu de la bataille, sinon le

7.

fusil à l'aide duquel j'abattis le garde royal.

Cependant, je l'avouerai, le souvenir de mon ancienne amitié pour Peyronnet se réveilla dans mon cœur au souvenir de son désastre, et j'aurais volontiers donné la moitié de ma redingote en lambeaux et un de mes souliers en lisière pour assurer sa liberté.... Peyronnet ne valait pas davantage.

Voyez pourtant comme les récompenses furent distribuées avec justice! Il n'y a pas eu un carabin appelé au secours d'une égratignure, sur la poitrine duquel on n'ait piqué ou cousu un ruban de Juillet. Ils ne faisaient que leur devoir, et on les récompensait. A la bonne heure! Mais moi?

Un gamin de douze ans au plus, nommé Babée, fut blessé à la joue d'une façon cruelle; il pousse un cri et tombe. On le saisit, on le place au coin d'une borne et on s'en va. J'accours, je m'empare du héros, j'entre avec lui dans un jardin de mon palais, je cours au bassin, j'y descends, et de mon mouchoir lavé la veille, de mon seul mouchoir, je panse la blessure du pauvre enfant, qui me donne son adresse, et que je porte chez lui, rue des Moulins, n° 14;—non sans quelque danger, car j'escaladai deux barricades pendant le trajet.

Du reste, je me hâte d'ajouter que je n'ai point enlevé la caserne de Babylone, et que je ne suis pas même entré le premier au Louvre.

C'est une bien belle page qu'une page révolutionnaire! J'étais jeune quand s'accomplit la grande œuvre de 89; j'étais déjà mûr, et même moisi, quand s'est effectuée celle de 1830 : la première est toujours présente à mes souvenirs; c'est à peine si je crois à la seconde. Est-ce qu'elle a eu lieu?

Dans les Tuileries on a changé de draps; voilà tout.

CHAPITRE XII.

ENCORE PEYRONNET.

Au surplus, haute et basse polices furent instruites de mes faits et gestes; on me suivit, on me traqua ainsi qu'un homme important, comme si le salut de la nouvelle dynastie ne dépendait que de moi; on essaya quelques séductions pour que mes promenades n'eussent lieu désormais que dans les limites d'une prison obscure, rétrécie, et il ne tint qu'à moi de me croire un personnage; mais je ne voulus point me ravaler et je persistai à vouloir être Son Altesse Chodruc-Duclos, souverain du Palais-Royal et lieux circonvoisins.

A l'époque si difficile du jugement des ministres, il en fut de même à mon égard, et soit pour protéger Peyronnet, soit pour m'empêcher de le punir de son ingratitude, je me vis de nouveau harcelé par cette bande hideuse d'espions qui affrontent le jour dès qu'il est question d'un remue-ménage quelconque, de même que les crapauds et les reptiles aux chauds rayons du soleil d'avril.

Ces infâmes vinrent rôder autour de moi ; je parus étranger aux ardents débats de la Cour des Pairs, et la police en demeura pour sa courte honte.

De tous les piéges qui me furent tendus à l'époque des ordonnances, un surtout fort adroit me laissa quelques heures d'incertitude dans ma conduite. Un billet ainsi conçu fut glissé sous ma porte, et on m'en prévint par trois coups rudement frappés et par cette exclamation : « Vieille amitié ! »

Je me levai, je bondis en chemise jusqu'à la rampe crasseuse de mon escalier ; un homme proprement vêtu l'avait descendu déjà, et je rentrai pour lire la mystérieuse missive. La voici :

« La fortune a ses caprices : aujourd'hui grand et petit, demain petit et grand. Le rat délivra un lion, et La Fontaine est fabuliste encore moins que philosophe.

» Si Duclos veut se rappeler ses anciens amis de Bordeaux, il en sera récompensé autant qu'il l'a été peu de ses premières affections. Ceci est une parole solennelle.

» Duclos ira, demain à six heures, où il est sûr de trouver son vieux camarade ; il emportera d'abord les capitaux qui lui seront confiés. S'il y a mort, cette somme lui est acquise.

» Duclos comprendra pourquoi on emprunte une main étrangère pour lui faire ces confidences.

» On s'en rapporte, du reste, à sa prudence et à son courage, pour le résultat de l'affaire délicate qui lui est confiée. »

Je cachai ma lettre sous un des carreaux de ma cheminée, puis je sortis.

Comme je m'aperçus que j'étais espionné ; comme je reconnus dès lors l'embûche, je me rendis aux environs du ministère des affaires étrangères. J'entrai dans une allée, comme pour mettre un peu d'ordre à mes vêtements ; deux grands gaillards m'y suivirent en toute hâte, et j'en sortis à l'instant même en leur faisant entendre à peu près ces deux mots : « Fichus imbéciles ! »

Si je ne les avais pas sus accompagnés de sbires taillés comme eux, je vous réponds bien que mes deux coquins auraient passé un mauvais quart d'heure dans le corridor assez obscur où ils m'avaient traqué.

Peyronnet, aurais-tu fait pour Duclos ce que Duclos a fait pour toi, lui étant Peyronnet, toi étant Duclos?

Je suis sûr du contraire.

Trois cris sinistres venaient de retentir : « Le roi est chassé. Raguse a trahi une seconde fois la capitale, les ministres sont arrêtés. »

De ces trois cris, un seul était vrai jusque-là : le roi était chassé. Rambouillet, à tout prendre, valait mieux que la place de la Révolution, et Cherbourg était plus protecteur que Varennes.

Eh bien! moi chétif, moi dont les balles n'avaient pas plus voulu que l'opulence, moi oublié, méprisé, en lambeaux, je résolus de me relever dans l'opinion publique par un de ces actes de vigueur dont j'avais déjà donné un exemple dans la Vendée.

On dit que les hommes font les circonstances; je crois plus exact d'avancer que les circonstances font les hommes, et que c'est alors seulement qu'ils se dessinent dans leur grandeur ou dans leur crétinisme.

Si je vous disais les mille et mille évolutions que j'ai faites alors pour découvrir la retraite de Peyronnet, vous tomberiez en admiration devant *mon ressentiment* et *mon ingratitude*. Je savais certaines maisons où il allait d'habitude, je ne les perdais pas de vue, et l'amitié voit de loin quand elle cherche à voir! J'interrogeais tout le monde; je questionnais le riche, le pauvre, l'enfant, l'homme mûr : en trois jours j'ai plus parlé qu'en dix-sept années. Ah! c'est que l'inquiétude et l'affection sont loquaces, et qu'au prix de mes guenilles, dont j'étais si vaniteux, j'aurais voulu sauver la vie à mon oublieux ami. C'est moi le premier, bien certainement, qui ai fait courir le bruit de l'arrestation de Peyronnet et de d'Haussez. Quand on croit tenir quelqu'un, on ne le cherche plus; et l'on connaissait trop dans tout Paris mes anciennes relations avec le ministre signataire des ordonnances, pour qu'on osât me soupçonner de faux, quand je proclamais que je l'avais vu conduit sous bonne escorte par huit gendarmes. En second lieu, si je n'avais désigné que lui, j'aurais pu être suspecté ; mais j'ajoutais que d'Haussez était arrêté aussi, et j'avais nommé le ministre de la marine au lieu du ministre des affaires étrangères, parce que le premier était un brave garçon, point offensif, honnête, instruit, qui avait suivi le torrent ; tandis que celui-là, Polignac, ignorant, fat, vaniteux, avait ouvert les écluses.

Le peuple était alors tellement furieux — et le peuple est toujours mouton ou tigre — qu'au seul bruit de l'arrestation de Polignac, il se serait rué sur toutes les prisons pour le déchirer et le promener en lambeaux par toute la capitale victorieuse. Les scélérats retenus dans les cachots auraient pris leur élan, les vols et les meurtres auraient recommencé de plus belle ; mais Polignac eût été mis en charpie.... Vive la liberté !

Vous voyez que le cœur est ingénieux, même sous les haillons, pour soutenir celui qui s'est fait gloire de vous persécuter.

Pour donner plus de poids à mes paroles, je perdis mes habitudes du Palais-Royal, et j'allais flânant sur la place Vendôme et dans ses environs. Je fis plus, j'empruntai des habits neufs à un brocanteur de la petite rue du Rempart, vis-à-vis le Théâtre-Français, lui promettant une grande récompense de la part de Peyronnet, que je venais de sauver, et à qui je voulais prêter mes vêtements.

A cette parole, le brocanteur, homme désintéressé comme tous les siens, enfant de Jérusalem, se prit à sourire, me donna des habits qui, selon lui, me seyaient à merveille, tandis qu'ils me gênaient d'une horrible façon, et me souhaita bonne chance en me priant de me souvenir de lui aux jours de ma prospérité; car personne alors ne croyait à une révolution.

J'avais trop bien dit : Peyronnet fut emprisonné, Peyronnet de tous les ministres alors le plus méprisé, le plus haï, le plus conspué : cela, parce qu'il avait fait une *Loi d'amour*.

O ingratitude humaine !

Lorsque l'acte fut accompli; désespéré de l'insuccès de mes tentatives, j'allai reprendre ma belle, mon honorable livrée, celle sous laquelle seule mon cœur battait à l'aise, et je recommençai mes quotidiennes évolutions.

— Il était bien instruit, disait-on souvent en passant auprès de moi dans les galeries du Palais-Royal ; ce gueux est arrêté...

Le gueux c'était Peyronnet, moi j'étais le riche, l'homme d'intelligence et de génie.

Un citoyen *recommandable*, dont je dirais le nom s'il ne m'avait depuis lors rendu quelques services, peut-être, hélas ! pour acheter mon silence, me promit dix mille francs qu'il me montra, si je le mettais sur la voie de la retraite de Peyronnet. J'eus d'abord envie de le punir de sa lâcheté en acceptant sa proposition, et en le trompant par un adroit mensonge; mais un malheureux hasard pouvait me donner gain de cause, et je renonçai sans regret à l'énorme bénéfice qu'on me fit offrir avec un millionnaire, à qui l'abandon des dix mille francs en aurait rapporté peut-être cent mille.

Qu'est-ce qu'on appelle probité en ce monde?

CHAPITRE XIII.

UNE TENTATION.

Républicains, libéraux, bonapartistes, se donnaient quotidiennement rendez-vous au café Lemblin, et là, entre la demi-tasse et le petit verre, les uns et les autres projetaient le renversement de la monarchie, pour rétablir plus tard... ce qu'il aurait plu à Dieu.

La police avait l'œil ou plutôt les yeux écarquillés sur cette sorte de club révolutionnaire, dont les principaux meneurs n'étaient pas sans influence ; car on les avait vus hommes de cœur et d'action dans les moments difficiles.

Quelques-uns d'entre eux, généreux et bienveillants, me tendaient la main quand je passais devant le café; quoiqu'ils me donnassent avec plaisir, ils n'auraient cependant pas voulu m'inviter à m'aller asseoir à leur table. Ils n'étaient pas déjà si bien vêtus que la disparate fût immense entre leurs habits et les miens; mais je me promenais, j'étais connu, je mendiais... et je comprenais la susceptibilité.

Un jour M. Br., grand et beau jeune homme à épaisses moustaches, à redingote bleue et boutonnée jusqu'à la cravate, charpente taillée en hercule, ouvre, ferme rapidement la porte du café, puis m'accoste en me retenant par le bras :

— Je voudrais vous parler.

— C'est ce que vous faites.

— En particulier.

— Personne ne nous écoute.

— Ce que j'ai à vous dire est de la gravité la plus haute.

— Si vous m'entraînez dans un lieu caché, on nous suivra de l'œil, on nous entendra peut-être. Parlez ici, c'est le plus sûr moyen de ne pas avoir de confidents.

— Soit, promenons-nous. Aimez-vous l'état de choses qui existe?

— Pas trop.

— Voyez comme il nous abandonne.

— Qui, *nous?*

— Nous, les incompris.

— Je ne comprends pas.

— Dites : un bel appartement, de bons dîners, un équipage, cela ne vaut-il pas mieux que des haillons, une mansarde et des bottes sans semelle?

— Un million de fois mieux.

— Eh bien! il faut bouleverser ce qui existe.

— Ça va.

— Et pour cela nous n'avons besoin que d'un peu d'énergie, d'un peu de poudre et de beaucoup de silence.

— Oui; mais du silence avec de la poudre, c'est un peu difficile.

— Je vous devine, un poignard fait moins de bruit.

— Vous ne me devinez pas, monsieur. Je suis un mendiant, un misérable, un mécontent, mais un honnête homme. Je ne poignarde personne, je n'assassine personne, je ne dénonce personne; mais je fais faire le plongeon à celui qui a l'audace de me tenir un langage pareil au vôtre.

Et le seigneur Br... tomba dans le bassin la tête la première.

Or, comme nous étions au mois de février et qu'il gelait assez fort, le bain dut lui occasionner un rhume assez violent.

Toutefois, ne voulant pas perdre mon provocateur, je m'élançai dans le bassin, et je conduisis au bord celui que je venais de jeter au milieu des glaçons, d'une manière si vigoureuse et si imprévue.

Le lendemain, les journaux me proclamèrent un libérateur, et je reçus des passants quelques écus sans que je les eusse demandés.

Quant à M. Br...; je le remercie de ses éloges, et je sais qu'il m'a depuis lors regardé comme un homme de bien et comme un homme assez énergique... Je l'avais lancé jusqu'au jet d'eau, dont il interrompit l'harmonie.

Depuis cette aventure, une des six douzaines dont j'ai été le héros dans mon palais, la clientèle du café Lemblin me témoigna quelques égards; et la preuve, c'est qu'un certain jour où j'étais riche en espèces sonnantes, puisque je possédais 3 livres 7 sous, j'entrai dans l'établissement libéral pour prendre ma demi-tasse; tout le monde s'en alla me laissant seul déguster le précieux aromate. En payant au comptoir, je m'aperçus que la dame me rendait la monnaie sans toucher à la pièce de vingt sous. Indigné, je la repris, et dis en fermant brusquement la porte :

—Puisqu'elle vous paraît trop sale, vous ne l'aurez pas.

Deux jours après cependant, en passant devant le café, je jetai mes vingt sous par la porte entr'ouverte, et je suis sûr que cette fois on accepta le prix de la demi-tasse.

8.

CHAPITRE XIV.

UN ÉCHAFAUD.

Je reviens à un thème que j'ai déjà touché, mais qui est inépuisable. Thème horrible : condamnation, flétrissure de notre époque d'égoïsme, de notre siècle de philosophie, où chacun devrait avoir sa place au soleil et son pain quotidien.

Hélas! hélas! l'ombre est vaste, à Paris surtout, et le bras de l'ouvrier tombe souvent parce que son corps manque de nourriture.

On assure que l'on souffre beaucoup plus

de la soif que de la faim... On assure un mensonge et une sottise à la fois.

Une douleur de tête poussée à l'excès est un horrible supplice, une douleur de dents poussée à l'excès est une torture épouvantable, un rhumatisme poussé à l'excès est un déchirement à porter au suicide; une faim poussée à l'excès est un râle de l'enfer.

L'homme qui souffre de la faim demande à boire pour combattre les spasmes, et il y réussit; mais la fièvre recommence bientôt d'elle-même, et vous souffrez d'autant plus que vous avez été un instant soulagé. La faim creuse, glace et brûle en même temps.

Je le sais; mais j'ignore pourquoi je n'ai jamais essayé de la soif. Je mourrai, je crois, sans connaître cette douleur.

On souffre beaucoup plus de la faim que de la soif à Paris. Cela doit être : vous avez pour vous désaltérer l'eau claire de la fontaine, l'eau sale du ruisseau, et, si vous voulez quelque force, la boutique du marchand de vin qui rarement vous refuse un canon.

Le boulanger est plus rigide. Le marchand

de vin m'a fait souvent crédit, le boulanger se lassait à une seconde visite quand la première n'était pas soldée.

O riches! voulez-vous devenir humains, généreux, compatissants? essayez de la faim... Mais vous aimez mieux rester ce que vous êtes, car vos digestions deviendraient laborieuses au souvenir des souffrances dont vous avez été témoins; et ce qu'il vous faut, à vous, après vos somptueux repas, c'est la béatitude de l'appétit satisfait, c'est-à-dire le repos, la torpeur du porc qui se couche et se vautre dans son auge.

Tenez, il faut que je vous dise une de mes études; tant pis pour vous si elle vous trouve sans émotion. Quant à moi, j'en garderai le souvenir jusqu'à ma dernière heure.

J'avisai un jour dans mon palais — vous savez que c'est le Palais-Royal — un homme maigre, jaune, ratatiné, de vingt-cinq à trente ans. Ses cheveux étaient noirs, ses yeux vifs, son front semblait révéler de l'intelligence, et ses joues creuses annonçaient ou le libertinage ou la diète.

Je voulus l'analyser, je résolus de le suivre.

Depuis le matin, il était resté assis sur un banc de pierre en face du café Corazza, et il avait amicalement salué de la main plusieurs personnes assez proprement vêtues et qui glissaient dans les allées.

Le froid était piquant, la marche et le mouvement seuls pouvaient le combattre. Mon homme devait être habitué à la souffrance : il grelottait à peine quand mes dents s'entrechoquaient.

J'eus pitié, je m'adossai au pilier d'une arche, et je suivis de l'oreille, de l'œil et du cœur le pauvre sédentaire.

Ses habits avaient été fins et coupés par un bon tailleur, ses bottes déchirées sortaient assurément de chez Kolmann ou Sakoski, sa chemise était d'une soie fine et coûteuse...

La richesse, l'opulence peut-être, avaient passé par là.

Je m'approchai. Le penseur récitait des

vers de Philoctète, puis il bourdonna la strophe de Malherbe :

> La mort a des rigueurs à nulle autre pareilles :
> On a beau la prier,
> Le pauvre en sa cabane où le chaume le couvre
> Est soumis à ses lois ;
> Et la garde qui veille aux barrières du Louvre
> N'en défend pas les rois.

Il y eut un moment de repos, de méditation.

L'homme se leva, se promena et s'approcha bientôt d'un passant chaudement claquemuré dans une magnifique redingote longue fourrée d'hermine.

— Oui, mon cher, j'attends un ami. Et toi?

— Moi, j'ai invité plusieurs amis, on m'attend aussi chez Véfour.

— Comme je crains que cet ami ne vienne pas encore, prête-moi une pièce de cent sous.

— Cela me serait difficile : j'ai pris tout juste l'argent nécessaire au payement de la carte.

—Mais tu es connu là, et l'on te fera crédit d'une bagatelle.

—Du crédit, à moi! Allons donc, je rougirais jusqu'au blanc des yeux... Adieu, au revoir; et si tu veux demain, viens à mon hôtel, je te rendrai le service que tu me demandes.

—J'irai. A quelle heure?

—De deux à quatre.

—J'irai le matin.

—Oh! le matin, c'est impossible : Laure sera chez moi.

—Je respecterai ton tête-à-tête et tes amours.

L'homme se retira poussant un gros soupir, alla s'asseoir à la place qu'il avait quittée, puis y resta jusqu'au roulement de tambours, le soir à six heures et demie...

Le malheureux n'avait donc pas mangé de la journée!!!

Il sortit, récita encore des vers dont je n'entendis que deux ou trois rimes, et se dirigea vers la rue de Rivoli, dont il arpenta le magnifique trottoir d'un pas calme et mesuré. A chaque piéton qui le heurtait avec brutalité—comme on heurte la misère — il disait de sa voix honnête :

—Pardon, monsieur.

Et la marche se poursuivait.

A onze heures et un quart, le piéton se retourna brusquement et se trouva presque sous moi, sans que j'eusse eu le temps de l'éviter. Il me vit, me reconnut, posa vivement sa main dans son gousset vide, et continua sa marche en disant :

—Le pauvre homme !

Cette exclamation de la charité m'arracha des larmes.

Il n'avait pas mangé, il aurait voulu me donner du pain ; il n'avait pas de logement, et il aurait sans doute voulu m'abriter. Moi, infortuné, je ne pouvais rien lui offrir, il m'eût probablement refusé ; puis j'avais reçu la veille de graves reproches de mon logeur, à qui je n'avais rien donné depuis trois jours.

Je continuai donc silencieusement mes observations, et je vis l'inconnu se diriger vers St-Roch, par la rue du Dauphin.

Il monta les marches de l'église, s'assit à la première, près du porche, puis s'adossa au mur, se releva, se jeta un instant à genoux, s'assit de nouveau et parut s'endormir.

Le lendemain — il n'était pas encore jour — le pauvre se leva, étendit ses membres crispés, frappa d'un grand coup de poing la porte de l'église, et descendit en marmottant des paroles dont pas une n'arriva jusqu'à moi.

J'avais passé la nuit à piétiner en face de l'église, si riche des aumônes des fidèles : je voulus compléter mes études et me convaincre qu'il y avait dans Paris un homme de plus qui souffrait de la faim, un homme qui pensait, qui écrivait peut-être.... et qui ne pleurait pas : je venais de le trouver.

L'homme — vous saurez plus tard quel était cet homme — l'homme s'achemina dans la rue, à la suite des charrettes chargées de légumes qui allaient au marché. Ces maisons ambulantes sont bien hermétiquement fermées ; rien ne tombe, tout arrive à point à l'entrepôt général, et celui qui s'était attaché à leur poursuite en fut pour sa course. Nous revînmes sur nos pas, lui d'un côté de la rue ; moi de l'autre, le lorgnant du coin de l'œil, de crainte qu'il ne s'aperçût de ma ténacité ; lui le regard à terre et les bras croisés.

Deux gaillards de mauvaise mine passèrent près de lui et me parurent le saluer d'un mot ; mais ce que j'entendis fort bien, c'est :

— Vous *m'embêtez!*

Arrivé sur la place du Palais-Royal, l'inconnu se dirigea vers la rue de Chartres et s'approcha des affiches apposées au mur qui touche au corps de garde.....

Il faisait semblant de lire.

La tête haute, l'œil baissé, il fouillait avec sa botte dans un tas d'ordures, et, quand il eut bien éparpillé les os, la boue et les débris de choux, il ramassa quelque chose en laissant tomber son vieux chapeau.

Un instant après, il mangeait.....

Ce jour-là, je vous l'atteste, j'aurais volé pour donner ; j'avais oublié mes souffrances et ma faim dans la faim et les souffrances de ce pauvre être qui, comme moi, avait été quelque chose avant de n'être rien du tout.

Dans la rue Traversière-St-Honoré, je perdis de vue l'inconnu auquel je m'étais attaché par le malheur; et deux ans passèrent sur ce triste souvenir sans que je le revisse, pauvre ou riche, mendiant ou prodigue.

La foule impatiente se dirigeait vers le même point. Il devait y avoir, par là, une fête à chômer.

Je suivis la foule qui se ruait, curieuse, haletante, au rond-point de la barrière Saint-Jacques.

Deux charrettes arrivèrent.

Un homme gros et trapu descendit de la première.

Sa tête tomba lorsqu'il eut adressé le sauvage adieu à son camarade, qui frappait du pied dans la seconde.

Le camarade monta l'échelle fatale, l'échelle de l'échafaud....

C'était mon inconnu, le mendiant que j'avais vu agenouillé à Saint-Roch :

Lacenaire.

Riches, faites l'aumône pour sauver celui

qui a faim, pour le sauver des replis du fleuve, du désespoir, de la guillotine.

Un sou au pauvre, et le pauvre mange, et il prie, il bénit, il ne tue pas.

Un sou! c'est bien peu de chose.

Un sou! c'est beaucoup; c'est une fortune, c'est un heureux!

CHAPITRE XV.

LE BIJOUTIER RENAUDIN.

Je ne sais pas s'il s'est passé depuis neuf ans dans le Palais-Royal, un événement de quelque importance qui ait échappé à mes regards investigateurs. Rixes, escroqueries, colères, hontes et désespoirs au sortir des maisons de jeu; intrigues amoureuses et rendez-vous galants dans le jardin, de telle à telle heure, près de la Rotonde, ou sous le canon de midi; projets d'émeute, d'incendie, de meurtre; ma mémoire est fatiguée des tristes confidences que lui ont faites les arbres, les gazons, les arceaux, les galeries.

Si j'avais été contraint de dire à la police le quart des choses coupables dont je me suis souvent trouvé le témoin involontaire, les juges de la cour d'assises et ceux de la police correctionnelle auraient été bien plus occupés encore, quoique leur besogne déjà soit assez grande.

Dans mes habitudes d'évolutions je voyais, j'entendais tout, et l'on se souciait si peu de ma présence qu'elle n'était aucun obstacle aux projets coupables de certains Catilinas au petit pied, de certaines Messalines de haut étage. — Il n'est pas ici question du grenier, songez-y bien, je vous prie.

Si je l'avais voulu, j'aurais arrêté de ma main une vingtaine de voleurs au moins, qui ne vivaient que d'objets exposés dans les magasins des tailleurs, des bijoutiers, des marchands de cannes; mais la société au milieu de laquelle j'exécute mes rotations ne vaut pas la peine que je me serais donnée.

Si je l'avais voulu, j'aurais dénoncé à mille

confiants maris les escapades clandestines de leurs chastes moitiés; mais d'un autre côté, par esprit de justice, j'aurais dû dénoncer également aux femmes confiantes les perfidies de leurs époux, et je riais dans ma barbe de ces prêtés-rendus des ménages parisiens, dont pas la centième partie, à coup sûr, ne vit selon les lois de l'église, du monde et de la morale, si souvent en lutte les unes avec les autres.

Et ces jeunes gens de famille qui venaient dans mon jardin royal préparer, contre leurs parents peu crédules, les piéges où la faiblesse paternelle finissait par succomber !

Et ces vierges-folles de tous les quartiers, qui passaient, repassaient, les yeux baissés, les coudes au corps, trottant menu et attirant, comme le serpent le fait du crapaud, les pauvres innocentes victimes de leur hypocrisie !

Et ces redoutables enfonceurs de portes ouvertes, ces tueurs d'hommes aujourd'hui encore bien portants !

Mon Dieu ! mon Dieu ! que de gros riens, de petits intérêts, de misères, de calamités, de turpitudes, se sont déroulés sous mes yeux de lynx pendant le temps de mon bivouac dans cette Babylone empestée !

O police de Paris ! que tu es paresseuse, aveugle et bête !

O soutiens émérites de la vertu outragée, du civilisme méconnu ! combien la tortue et l'unau sont plus actifs que vous !

O mouchards si bien soldés par l'égoïsme et la peur ! combien encore il vous manque de prunelles pour voir, de bras pour arrêter !

Ils ont mis du gaz partout, les imbéciles ! L'éclat les éblouit, leurs paupières clignotent, le crime se pavane ; et ils passent hébétés devant lui, ôtant leur chapeau et criant à la perfectibilité humaine !

Quelque fidèle que soit ma mémoire, il lui échappe souvent bien des faits importants lorsque je veux fouiller, à mes instants de calme, dans les sales immondices de ce monde si corrompu et si parfumé en même temps ; mais si par hasard je prends un journal, la moindre phrase vague, un mot, une syllabe me mettent sur la voie, et je retrouve sans effort toutes les choses graves ou futiles que j'avais nichées dans les divagations de mon cerveau.

Oh! que je serais venu puissamment en aide aux tribunaux pour éclaircir tel ou tel événement, sur la réalité duquel les juges se sont montrés fort indécis! Oh! que j'aurais réformé d'arrêts par une seule parole!... si la société avait valu la peine d'une révélation. — J'ai dit cela, je crois.

Je me suis tu constamment, j'ai voulu toujours garder le silence quand un coupable était déclaré pur; mais, je l'avoue, je ne me suis jamais trouvé dans la nécessité de proclamer l'innocence d'un condamné. Les juges parfois ont eux-mêmes leur saine logique.

Toute la police fut en émoi à l'époque de certain vol commis chez un des plus riches bijoutiers du Palais-Royal. Le vol, la demi-escalade, l'effraction, tout y était; puis, à quelques pas, un corps-de-garde, une sentinelle forcée de répondre chaque demi-heure à la patrouille qui passait et repassait. Eh bien! personne ne vit, n'entendit rien; et ce fut à deux heures de l'après-minuit que l'on exécuta le crime, au moment où les spéculateurs ruinés par les maisons de jeu, où les poursuiveurs de martingale, réunis en conciliabules agités et bruyants, emplissaient encore les galeries du Palais-Royal.

Les valeurs emportées étaient considérables, elles jetaient un honnête homme dans la misère; et j'aurais parlé alors si un serment solennel ne m'avait imposé le silence le plus absolu, et si j'avais pu espérer que les bijoux et l'or seraient restitués.

Mais je sus que tout avait franchi la frontière, excepté les voleurs à qui je demandai un serment à mon tour, celui de renvoyer au bijoutier quelques-uns des plus précieux objets enlevés; ce qu'ils me jurèrent *sur l'honneur*. Je ne pensais pas alors qu'une pareille promesse pût être faite sans engager à rien qui que ce fût au monde.

Or, voici ce qui arriva :

La nuit était belle, la lune nous éclairait comme un pâle soleil, et moi, insouciant des heures avec lesquelles je cheminais dans l'espace, j'attendais en me promenant le retour du bruit et des reverbères de la ville assoupie.

— Tais-toi donc, imbécile, dit d'une voix sourde et irritée un homme de quarante ou cinquante ans à un tout jeune adolescent blond et rose qui lui donnait le bras; il est des choses qu'il ne faut se dire que dans les entrailles, et encore parlent-elles souvent beaucoup trop haut.

— C'est bien, c'est bien, je suis muet; mais il n'en est pas moins vrai qu'on doit le retrouver à....

— Tais-toi donc, bavard. Les pavés écoutent et dénoncent; sans les pavés, il n'y aurait pas la moitié des ..... — je ne compris pas le mot — conduits sur la sellette.

J'en avais trop entendu pour ne pas désirer en savoir davantage; aussi, plongeant mon regard de hibou dans le plus lointain des allées, je vis mes deux interlocuteurs glisser par un passage ouvert à toute heure, et se diriger vers la rue Montpensier. Je cours à un autre passage (car je les sais tous par cœur), et un instant après je me trouve en présence de quatre estafiers qui, en me voyant venir, feignirent de se trouver là par hasard et se demandèrent à haute voix des nouvelles de leur santé, de celle de leurs femmes et de leurs enfants. A mon tour je veux les rassurer, et simulant l'homme pris de vin, je tombe à demi sur une devanture de boutique.

— Tiens ! c'est Chodruc-Duclos ! dit l'un.

— Nous n'avons rien à craindre de lui, répondit l'autre.

— Il est joliment dans les vignes ! ajouta un troisième.

— Ma foi, je vais lui donner quelque chose, reprit le dernier.

— Prends garde au moins, ne te trompe pas, ne donne pas un double louis pour une pièce de deux francs.

— J'ai des yeux aux doigts aussi, et vous devez vous en être aperçu.

Je ne perdis pas une syllabe de cette conversation, pas un geste de mes coquins ; et, plus aviné que jamais, je fis semblant de me rouler dans le ruisseau, en cherchant à ramasser mon chapeau, que j'avais laissé tomber d'avance.

— Attendez, brave homme, dit un voleur qui était venu à moi; attendez, je vais vous porter assistance. Il paraît que le vin était chaud et que les deux litres y ont passé?

— Trois, s'il vous plaît, mes camarades.

— Tiens! c'est l'homme à la longue barbe!

— Oui, mais demain je me la ferai couper. Je veux me faire beau, très-beau, magnifique; dès lors que je suis le roi du Palais-Royal, dès lors que je suis empereur, autocrate, pacha, sultan, il faut que je me montre dans toute ma splendeur... Si vous venez demain à ma cour, je vous promets de vous traiter en sujets aimés. Bonsoir, mes fidèles, à demain.

J'accompagnai mes sages extravagances de hoquets, de clignements d'œil, de zigzags et de gestes en rapport avec la position que j'avais prise, et il me fut démontré que mes lurons étaient assez convaincus pour n'avoir rien à redouter de moi... Je les remerciai donc de l'aumône qu'ils m'avaient faite, et je feignis de m'éloigner, bien résolu à ne pas perdre de vue mes quatre acolytes.

Mais le proverbe l'a dit: *A corsaire, corsaire*

et demi. Je venais d'entrer dans une de ces étroites et sombres allées si favorables aux coups de main, et qui dentellent, pour ainsi dire, à jour le Palais-Royal, quand, guidé par son instinct de sécurité, un des quatre voleurs, prévoyant que je reviendrais sur mes pas, dit aux autres, — ce que je compris plus tard :

— Éloignons-nous, enfants; ce Duclos n'était peut-être pas gris, et à ce compte il peut donner demain notre signalement. Venez, je vais m'assurer du fait : à moi une pièce d'or, mettons-la sur le trottoir, et allons nous cacher, divisés dans les renfoncements de la rue, loin de ces gueux de réverbères... Silence, et aux aguets !

Je me remontrai en effet deux minutes après mon départ, et glissant tout d'abord en signe d'ivresse, je repris bientôt mes franches allures, puisque je me supposais inaperçu.

En passant sur les dalles que les drôles venaient de quitter, je vis la pièce d'or, que je ramassai avec empressement et en disant à voix basse : « Les voleurs ont les mains percées, c'est autant de gagné. »

J'achevais à peine ma phrase malencontreuse et philosophique, lorsqu'un individu grand et carré s'approche de moi à pas de loup, me dépasse, puis, se retournant soudain, me saisit fortement à bras-le-corps et s'écrie :

— A moi les bons !

Trois gaillards s'élancent, l'un armé d'un poinçon, l'autre d'un pistolet, le troisième d'un marteau.

— Si tu dis une syllabe, tu tombes mort à terre.

— Je me tais, que me voulez-vous ?

— Oh ! ne fais pas l'ivrogne, cela est inutile; ta ruse est dévoilée, prends garde, nous sommes gens à t'en punir. Mais si notre métier est le vol, nous n'allons pas encore jusqu'à l'assassinat. Nous te faisons grâce, et pour cela il faut que tu nous jures de ne jamais révéler un mot de ce que tu as vu, de ce que tu as entendu.

— Croirez-vous à ma parole ?

— Nous savons de vous des choses si extraordinaires, que nous vous croirons.

— Je vous la donne ; mais à une condition.

— Laquelle?

— C'est que vous reprendrez ce que vous m'avez donné tout à l'heure de la main à la main, et ce que j'ai trouvé sur le trottoir.

— Oh! qu'à cela ne tienne, rends et pars; mais, entre nous, tu es d'un scrupule fort bête.

— Soit, je pense que l'argent volé ne porte aucun profit.

— Nous le saurons. Nous avons ta promesse?

— Je ne la trahirai pas.

Ces voleurs sont peut-être heureux aujourd'hui, peut-être réputés gens de bien, peut-être devenus honnêtes gens. Auront-ils renvoyé à M. Renaudin une partie de l'or qu'ils lui ont volé?

CHAPITRE XVI.

INSOMNIES.

Il y a des jours où je contemple mes haillons avec orgueil, il y en a d'autres où je les regarde avec amertume. Quand je pense à moi, à mon passé, je m'attendris ; quand je pense à Peyronnet, à mes vieux amis, la colère me monte à l'âme, le rouge au front, je maudis et je blasphème.

S'il n'y avait point de passé pour moi, s'il m'était permis de ne pas me souvenir, je serais heureux de mon présent; car je n'ai plus d'ambition, pas même celle du bien-être. Je me lève quand je veux, je sors et je rentre quand je veux, je mange à peu près quand je veux; et je prends sur moi de ne pas redouter un aveu de misère absolue. Grâce au nom que je porte, grâce à ce qu'on raconte de moi, la fruitière, le boulanger, le marchand de vin surtout, me font crédit; et le crédit est une fortune.

L'hiver, j'ai pris pour poêle celui du café de Foy, où l'on me permet de m'accouder et de lire les journaux. Je me chauffe encore au marchand de marrons au coin de la rue, à qui je porte profit; car on vient acheter pour me voir de plus près et me parler. Mais ce qui fait par-dessus tout circuler mon sang en liberté, c'est la marche presque sans relâche à laquelle je me livre. Pendant dix-sept ans que j'ai arpenté le Palais-Royal et les environs, je suis sûr d'avoir fait — et je l'ai compté à peu près — *trois mille lieues par an.* Le moyen que le sang s'arrête, quand le corps est sans cesse en activité?

Revenons à mes guenilles si honteuses, si honorables à la fois, puisqu'elles font ma flétrissure et ma gloire. *Flétrissure*, car notre langue, qui n'a pas de synonymes, ne me fournit pas une autre expression ; ma *gloire*, car un poète plus déguenillé que moi aujourd'hui par son abdication, par son apostasie, me consacra une de ces admirables pages, qui restent gravées dans la pensée de quiconque aime la belle et grande poésie.

Le 20 novembre 1831, il me tomba dans les mains une livraison de *la Némésis*. Le titre ainsi conçu, *Le Palais-Royal en hiver*, était fait pour m'intéresser ; je voulus lire jusqu'au bout.

Rien n'avait été oublié dans cette revue des curiosités de mon palais ; tout y trouvait sa place à son tour : le timbre de Lepaute ; l'arbre qui donna la cocarde verte à Camille Desmoulins ; le soleil venant boire aux tables de Mascré ; la gerbe d'eau, panache de l'hiver ; et le canon de midi, allumé par son sublime artilleur des cieux; les journaux timbrés par Cornuet; le piédestal où frissonne Diane,

> Et le trône lointain où l'Apollon s'indigne
> De paraître en public sans la feuille de vigne;

l'escalier fangeux de l'égout Beaujolais, le tortueux Radzivil et l'arceau Vivienne de la Rotonde; le portique où chante Séraphin; la femme de Joseph, Rébecca du Change; le parfum culinaire de Véfour; le réfectoire embaumé des Frères Provençaux; le comptoir de Rouget, et le soupirail du sombre Larosière.

Puis tout à la fin, pour dernière fleur au bouquet, pour morale au discours, le portrait en pied de maître Chodruc:

> Mais autant qu'un ormeau s'élève sur l'arbuste,
> Autant que Cornuet domine l'homme-buste[1],
> Sur cette obscure plèbe errante dans l'enclos
> Autant plane et surgit l'héroïque Duclos.
> Dans cet étroit royaume où le destin les parque,
> Les terrestres damnés l'ont élu pour monarque.
> C'est l'archange déchu, le Satan bordelais,

---

[1] Nain distributeur des grands journaux, occupant le pavillon littéraire qui fait pendant à celui de Cornuet.

Le Juif-Errant chrétien, le Melmoth du Palais[1].
Jamais l'ermite Paul, le virginal Macaire,
Marabout, talapoin, fakir, santon du Caire,
Brame, guèbre, parsis adorateur du feu,
N'accomplit sur la terre un plus terrible vœu.
Depuis sept ans entiers, de colonne en colonne,
Comme un soleil éteint ce spectre tourbillonne.
Depuis le dernier soir que l'acier le rasa,
Il a vu trois Véfour et quatre Corazza[2].
Sous ses orteils chaussés d'éternelles sandales,
Il a du long portique usé toutes les dalles;
Être mystérieux, qui, d'un coup d'œil glaçant,
Déconcerte le rire aux lèvres du passant.
Sur tant d'infortunés infortune célèbre!
Des calculs du malheur c'est la vivante algèbre;
De l'angle de Terry jusqu'à Berthellemot
Il fait tourner sans fin son énigme sans mot.
Est-il un point d'arrêt à cette ellipse immense?
Est-ce dédain sublime, ou sagesse, ou démence?
Qui sait? il veut peut-être, au bout de son chemin,
Par un enseignement frapper le genre humain;
Peut-être, pour fournir un dernier épisode,
Il attend que Rothschild, son terrestre antipode,
Un jour dans le palais l'aborde sans effroi
En lui disant: « Je suis plus malheureux que toi! »

---

[1] *Melmoth*, ou *l'Homme errant*, admirable création du révérend Mathurin.

[2] Nom primitif d'un des meilleurs cafés du Palais-Royal, illustré par la fortune de ses quatre successeurs.

Dès que le bruit des délabrements de mon costume eut quelque retentissement dans la capitale, on en fit part à Peyronnet, auprès de qui l'on s'en alla réclamer des secours pour moi. Mais l'Excellence par excellence refusa de venir à mon aide, sous le prétexte que je refuserais ses services. En cela, je puis affirmer que Peyronnet avait raison.

— Vous ne connaissez pas Duclos, disait-il, c'est le mulet le plus entêté du monde. A présent que sa résolution est prise, soyez sûr qu'il ne s'arrêtera que lorsque les tribunaux y auront mis ordre au profit de la morale. Lui, voyez-vous, il étalera sa nudité dans la rue peut-être, afin de montrer sa peau blanche. Ce qu'il veut, c'est le contraste de toute chose. Je sais qu'il me hait, il assure qu'il me méprise : eh bien ! il me voudrait roi tout-puissant, afin d'avoir en moi un titre de plus pour baver son venin contre celui qu'il appelle partout son ancien ami. Essayez-en, messieurs, offrez-lui de l'argent, une somme assez forte de ma part; présentez-lui une bourse qui lui permette d'avoir des habits propres, un logement et une table pour l'année, je gage qu'il repousse le tout avec indignation. Il est rare que celui qui croit valoir un million se donne pour cent mille francs, et Duclos s'est flatté d'une préfecture, d'une recette générale : vous ne lui arracherez son cynisme que si vous lui donnez une caisse à vider et un département à diriger.

Peyronnet avait encore raison, mais ce n'était pas à lui de le proclamer. Il voulait masquer son ingratitude, et il était bien aise d'étaler aux yeux de tous ce qu'il appelait mon entêtement, mon cynisme; tandis que je nomme tout cela, moi, une justice!

Aussi, à chaque déchirure nouvelle, me semblait-il que je trouais d'un canif la poitrine du ministre; et quand je vis mes vêtements en lambeaux, je ne pus m'empêcher de m'écrier : « Qu'il doit être hideux! »

Il l'était en effet par la haine profonde que lui avaient vouée tous les partis; et je regrette, en traçant ces lignes, d'avoir à rappeler l'occasion qui lui fut offerte, et qu'il dédaigna, d'implorer auprès du roi une grâce que bien certainement on lui aurait accordée. Je crois me souvenir que c'est lui qui invita Charles X à ne point pardonner... Caron a été fusillé!

A Peyronnet dix carrosses, à moi la boue des rues!

A Peyronnet un somptueux hôtel, à moi une honteuse mansarde!

A Peyronnet de l'hermine, à moi des lambeaux!

A Peyronne des titres, de la grandeur; à moi la misère et l'oubli!

Eh bien! non: à lui l'opulence et la faveur du trône; mais à nous deux une renommée: nous verrons à l'heure suprême qui de nous aura le plus à se féliciter de n'avoir point été oublié.

La justice des hommes a parlé déjà: qui se souvient de Peyronnet?

Tout le monde sait que je me suis promené hier au Palais-Royal, et quand je n'y suis plus on m'y cherche.

L'histoire a commencé pour nous deux.

CHAPITRE XVII.

LE CHANGEUR JOSEPH.

Je reçus un jour un coup de poing tellement rude sur la poitrine, que je m'écriai à l'instant : « Quelqu'un est volé! » Je ne me trompais pas.

Deux hommes étaient venus d'Italie. Partis le même jour de Turin sans se connaître, ils étaient arrivés à Paris le même jour, s'étaient logés dans la même maison, et avaient pris une chambre au même étage.

En montant et en descendant leur escalier

pour aller au travail, ils s'étaient dit bonjour, puis bonsoir... Voilà deux amis.

Ils étaient employés au même atelier; ils firent les mêmes ouvrages en maçonnerie, en menuiserie; ils devinrent inséparables, car ils avaient même âge, mêmes goûts, mêmes vices, même dégradation.

— Dis donc, ça va mal.

— Je dis plus, ça ne va pas bien du tout.

— Je dis plus encore, ça ne va guère.

— Oui, mais ça pourrait aller mieux.

— Que faudrait-il?

— Un poinçon, un crâne à frapper, de l'or après, du cœur et de bonnes jambes.

— Tout cela est aisé. Le crâne, le poinçon, le cœur et les jambes, rien n'y manque, si ce n'est l'or.

— Je sais où il y en a.

— Au Palais-Royal.

Ils allèrent ensemble au Palais-Royal, ils entrèrent ensemble dans le bureau d'un changeur, ils lui parlèrent ensemble; l'un frappa de son poinçon un crâne sans cheveux, l'autre emporta de l'or et des billets de banque; ils s'échappèrent ensemble, sortirent ensemble de Paris, allèrent ensemble au bord d'un champ se partager la somme volée, rentrèrent ensemble par la même barrière, soupèrent, et s'endormirent ensemble après avoir lavé ensemble leurs vêtements au même courant d'eau.

Les recherches de la justice furent inutiles; un gabelou, employé à la barrière, fut plus adroit que la police... Un gabelou!..

Enfin, c'est comme cela.

Un jour qu'il pleuvait, deux hommes avinés entrent et franchissent la barrière, le chapeau sous le bras.

Pourquoi le chapeau sous le bras, puisqu'il pleuvait? Le crime est bien imprudent, et il faudrait qu'un gabelou fût bien gabelou pour ne pas adresser cette question :

— Que portez-vous là?
— Un chapeau.
— Et dans le chapeau?
— Un mouchoir.
— Et dans le mouchoir?
— Rien.

— Je veux voir ce rien.

Vous conviendrez que pour un gabelou la réponse était assez éloquente, mais celui-ci faisait exception.

Les deux hommes voulurent fuir ensemble; l'un tomba sous un croc-en-jambe du gabelou, qui avait peut-être sa cervelle et son intelligence aux pieds; mais un gabelou dont la langue était au niveau de son esprit réfléchit un moment, et il pensa que, s'il criait bien fort, il pourrait être entendu de ses camarades. Là-dessus :

— A moi! à moi! de la contrebande!

On sort de la porte vitrée, on s'élance; il y a des gabelous qui ont des jambes de cerf : l'un d'eux, qui n'avait rien à laisser tomber, atteint bientôt le fuyard qui craignait de tout perdre. Les deux coquins sont conduits ensemble au bureau.

Leur contrebande, c'était une fortune....

C'était à peu près la somme enlevée au changeur Joseph, dont la femme, l'une des plus belles de Paris, perdit beaucoup de son éclat depuis la catastrophe.

On tenait donc les auteurs du vol et de l'assassinat, qui allaient repartir ensemble pour l'Italie, en cachant l'or et les billets dans les bras creux d'une brouette qu'ils avaient fabriquée ensemble.

L'arrêt fut prononcé : la hache du bourreau fit son office; Malagutti et Rata furent jugés le même jour, condamnés le même jour, à la même heure, sur la place même où ils étaient venus ensemble laver leur chemise souillée de sang.

Attendez :

Joseph avait survécu aux coups de poinçon; sa femme était redevenue belle.

Un matin, Joseph sort de bonne heure; à peine a-t-il franchi la porte de sa maison, qu'il entend un crieur public :

« Voici, messieurs, la condamnation à mort des célèbres assassins Malagutti et Rata, qui vont périr aujourd'hui en place de Grève! Les voilà, messieurs, ça ne se vend qu'un sou! »

Joseph tombe dans la rue et meurt...

Ces deux hommes devaient tuer Joseph !

Mais pourquoi Dieu a-t-il fait mourir, presque de la même mort, deux autres hommes dont la vie avait toujours été noble et glorieuse?

Le souvenir de La Réole et des frères Faucher m'a poursuivi long-temps pendant le procès de Malagutti et Rata.

Dieu est Dieu, et je ne suis pas son prophète.

CHAPITRE XVIII.

UN SUICIDE MANQUÉ. — UN CHIEN ENRAGÉ.

D'où me viennent ces deux feuilles de papier? Je ne sais. D'où me vient ce crayon? Je l'ignore. Mais s'il m'arrive une de ces pensées corrosives qui brûlent l'âme et qui font rêver le suicide, rien ne me manque, à moi qui ne possède rien, pour que la vivacité de la plaie puisse se prolonger par le souvenir.

Le monde qui pense et s'arrête à ma vue, semble se lasser de ma présence. Nul ne dit :

« C'est un malheureux ; » tous disent : « C'est un fou. »

Eh! non, charitables! le fou ne sent pas sa douleur, on le croit du moins; je sens la mienne, moi; je la sens double, peut-être parce que j'ai de la mémoire et que mon passé a du soleil.

Une calamité ne vient jamais seule, dit le proverbe qu'on appelle la sagesse des nations. Eh bien! ce proverbe est plus qu'un axiome, c'est une stupidité : un malheur, ce sont tous les malheurs; sans cela, le malheur ne serait qu'une contrariété.

Il y a des gens petits, bien petits,—au physique et au moral,—à qui tout réussit, même la honte, même les fautes, même le déshonneur; et qui, après un naufrage en pleine mer, trouveraient pied au milieu du vaste Océan Pacifique. Il y en a d'autres pour qui le caillou de la route est une montagne, le ruisseau un torrent, l'ornière un gouffre. Moi, par exemple, je suis sûr que si j'essayais du suicide, le grain de poudre serait une explosion; l'atome de plomb, un boulet.

J'ai résolu de vivre, je vivrai; mais je suis convaincu que s'il me vient la pensée d'en finir avec la misère, le pain quotidien,— qui me fait si souvent défaut,— sera pour moi le poison le plus âcre, le plus actif...

La foudre frappe un homme et l'épargne, un autre tombe sur un trottoir et se tue. Le premier était un vaurien, le second un père de famille dont les enfants vont mourir de faim!

O Providence divine, que tu es mystérieuse! je devrais dire cruelle.

Il faut cent fois moins d'arsenic pour tuer un homme que de pain pour le faire vivre: est-ce logique?

Il y a dans Paris un citoyen fort riche, fort considéré, que je connais, que vous connaissez tous, qui lisait un jour la gazette dans le jardin des Tuileries. Un alinéa lui apprend qu'un navire, venant du Hâvre, a fait naufrage et s'est perdu corps et biens. Ce navire lui appartenait et portait toute sa fortune.

L'armateur désespéré court chez lui, s'arme

d'un pistolet qu'il place dans sa bouche; le coup part, la mâchoire est fracassée...

L'homme guérit au bout d'un mois et son navire arrive pour l'enrichir : la nouvelle du journal était un mensonge.

Ce monsieur logeait à la rue des Prêtres-Saint-Germain-l'Auxerrois, auprès de la place du Louvre. Un beau jour, je ne sais par quel caprice, l'envie lui prend de s'en aller autre part que sur la planète où Dieu l'avait jeté; il s'élance de son troisième étage, la tête la première...

La tête arrive la dernière sur le pavé : l'homme se promenait dans Paris, bien sain, bien portant, trois semaines après. Quoi qu'on en dise, nul ne sait sa destinée.

Mais qu'est-ce que le ciel?

— C'est le plafond de la rue.

Philosophes, théologiens, astronomes, donnez-moi une meilleure définition, et je l'accepte.

Qu'est-ce que la vie, qu'est-ce que la mort? D'où cela nous vient-il?

Ne riez pas, médecins qui fouillez dans nos entrailles, et qui combattez ce qui doit vous tuer vous-mêmes un jour, vous n'en savez pas plus que Duclos.

Pour moi la vie c'est le mouvement, la mort c'est l'immobilité. Les prêtres vous disent que la mort c'est la vie; le dire c'est chose facile, que le plus habile vienne me le prouver.

Je parierais mille contre un, — si j'avais mille quoi que ce fût au monde, et si quelqu'un daignait parier contre moi — que, pour peu que le désir me prît de me tuer, e bassin du Palais-Royal me servirait de voile, moi debout; et que l'air n'arriverait pas à mes poumons. Il faudra que j'essaie.

Eh bien! non, si j'en essaie, si je veux briser avec tant de déceptions, de tortures, de misères, je gage encore un million contre un franc que ce qui devait m'être utile me deviendra fatal.

Notre passage sur cette erre n'est pas le plaisir, le luxe, l'éclat des fêtes, la somptuosité des festins, les joies du ménage, les éblouissements de la renommée, le parfum des adulations, l'extase des nuits mystérieuses...

Notre passage sur cette terre n'est pas non

plus le crime qui guette dans l'ombre, le vice aux flambeaux, la misère râlant sur un grabat, les jours sans pain, les nuits sans sommeil, la fièvre sans ami...

Notre passage sur cette terre est une pensée; car une pensée est aussi la mort.

Tenez, le moral et le physique, la matière et l'esprit se donnent si étroitement la main sur cette terre roulant dans son orbite, que je ne résiste pas au besoin de vous citer un fait que vous appellerez singulier, vous, gens futiles; et que vous direz mensonge, vous, cerveaux imprégnés de science.

Le fait s'est passé à Bordeaux : j'achèverai de le conter, si mon crayon qui s'use et mon papier qui s'emplit m'en laissent le loisir: serrons.

Deux frères escortés de leurs amis — ils en avaient, eux, on ne les nommait pas Duclos — deux frères s'acheminaient vers la rivière, où l'aîné devait s'embarquer pour la Guadeloupe. Ils étaient près du port; ils se disaient adieu de la main, de la lèvre et du cœur, quand un chien passe, donne un coup de dent aux deux frères et s'échappe le long du fleuve.

Les polissons suivent la méchante bête et l'assaillent à coups de bâtons et de pierres ; elle s'élance, traquée de toutes parts, et disparaît sous un bateau.

Les deux frères regardent leur jambe : ce n'est rien, une piqûre imperceptible.

Cependant un pharmacien est là, on y va, on lui demande un peu d'alcali : on cautérise la plaie ; l'homme de l'art dit qu'on ne doit avoir aucune inquiétude, et les derniers baisers sont donnés et reçus.

L'un monte dans un canot qui l'attend et va rejoindre le navire en partance ; l'autre retourne à son bureau.

Quarante jours après, celui-ci meurt dans un accès épouvantable d'hydrophobie.

Six mois plus tard, le frère absent, qui venait d'achever d'heureuses spéculations, rejoint la ville natale après avoir annoncé son retour à son frère et à ses amis.

A l'approche du navire signalé, les amis seuls accourent ; le voyageur descend, cherche son frère d'un œil inquiet.... On le prie de ne pas trop s'alarmer; on l'entraîne, il résiste, il appelle son frère à grands cris...

— Mort, lui dit-on enfin.

Les larmes arrivent après la première, la plus poignante douleur. Il se laisse conduire vers sa maison, et on essaie de lui faire comprendre que, puisque son frère devait mourir, il devait, lui, ses remercîments au ciel pour avoir épargné à sa tendresse fraternelle les angoisses d'une dernière agonie.

— Hélas! je l'aimais tant, et j'étais si heureux de la fortune que je lui apportais!

— Il est mort aussi en vous nommant.

— Une fièvre?

— Non.

— Le regret de mon absence, peut-être?

— Non; mais à votre adieu, sur le port, au moment de votre départ, un chien l'a mordu.

— Eh bien!

— Vous devinez...

Quelques minutes après un accès d'hydrophobie conduit le frère près de son frère, à la tombe.

Ils ont dit que le venin l'avait tué. Le venin sortait de la bouche des amis.

CHAPITRE XIX.

POLICE *corruptionnelle*.

César disait des faquins de son temps :

« Je ne me défie point des Marc-An-
» toine et des Dolabella : ils sont trop gras,
» trop bien peignés et portent des toges trop
» bien ajustées.

» Mais la pâleur et la maigreur, la cheve-
» lure et la barbe et les habits en désordre des
» Brutus, des Cassius, voilà ce qu'il redoutait,
» voilà ce qu'il croyait capable de grandes et
» puissantes audaces. »

Les chefs policiers — qui ne sont pas des Césars — auront voulu sans doute se faire les perroquets de sa pensée. Ils voyaient chaque jour passer un promeneur inoffensif qui se livrait à une marche plus active et plus prolongée encore que la leur, mais du moins plus honorable. Cette innocente promenade avait fini par les fatiguer et leur paraître suspecte. Un imbécile ne donna-t-il pas son vote pour Aristide, parce qu'il était las de l'entendre appeler le Juste ! — La misère de ma toilette annonçait, à ne pas s'y tromper, que je cachais là-dessous de quoi m'acquérir de plus riches costumes par le crime, le désordre de ma personne troublait l'ordre public ; certain air de grandeur et de noblesse qui s'en échappait peut-être, c'était là une témérité assez hors de saison et tout à fait incomprise de leur instinct ; ma sobre et solitaire existence ne pouvait appartenir qu'à un conspirateur, ma mystérieuse et imperturbable taciturnité achevait de bouleverser le repos des honnêtes citoyens.

Les limiers se jetèrent donc à mes trousses ;

j'étais dans mon jour de générosité, je ne voulus pas descendre au niveau de cette engeance canine en la gratifiant de quelque joli croc-en-jambe, qui l'eût aplatie sur le pavé; si toutefois elle peut devenir plus plate, ce dont il est permis de douter. Je me décidai pour le parti de la clémence, et me laissai traîner sur les bancs de la police correctionnelle.

Mais comme je ne fus nullement en peine de justifier d'un domicile fixe, habituel, ainsi que de plusieurs propriétés que je possédais en Gascogne, messieurs mes juges, tout stupéfaits, ouvrirent de larges becs et, à leur grand chagrin, se virent forcés de laisser tomber leur proie.

Comme ils avaient juré sans doute qu'on m'y reprendrait, mais qu'on ne les reprendrait plus à jeter bas leur pâtée, quelques mois plus tard, en décembre, et toujours en 1828, je fus arrêté sous une prévention nouvelle; la première dose n'ayant pas suffi, on la doubla cette fois: alors je fus accusé en même temps de vagabondage et d'insulte publique à la pudeur.

Une espèce de bûche à ceinture blanche et à lunettes — je n'aime pas les gens à lunettes — commença par m'échauffer la bile tout en voulant singer de l'importance auprès de moi. Je ne consentis à répondre que par signes, et par un seul qui fit entendre ma ferme détermination de n'avoir affaire à personne autre que mes juges. C'était bien encore plus qu'ils ne méritaient.

Cependant j'avais promis, je voulus bien leur faire cet honneur exceptionnel, à la condition que cela ne durerait pas long-temps et ne recommencerait pas souvent.

L'audience eut lieu le 30 décembre. Une multitude compacte de badauds, de *badaudes* surtout, avait envahi la salle. L'épanouissement scintillait sur tous ces visages tendus vers moi : on voyait bien que c'était jour de fête. Peu importait à ce monde-là que je fusse, au sortir du tribunal, encagé pour dix heures ou pour dix ans : le principal était que je fusse entendu. Oh! si l'on avait osé me condamner sans m'entendre, je suis certain qu'il y aurait eu rébellion déclarée... non point par commisération pour moi, non point par esprit d'équité; mais parce que, si l'on ne m'avait pas vu desserrer plus les lèvres ici que je ne le faisis au dehors, on en eût été pour ses pas, pour sa robe de soie si cossue qu'elle ne se risque guère qu'aux grands et grands jours; la partie de plaisir, en un mot, n'eût pas été complète... Il y aurait eu de quoi, avouez-le, mettre le feu aux quatre coins de Paris. Paris est sain et sauf.

Les juges n'étaient pas encore entrés en séance. Je me tenais debout entre mes deux escogriffes. Je n'aime pas à demeurer assis, encore moins sur le dos, et je ne sais pas comment je pourrai me résigner à rester couché toute une éternité, car ce doit être un peu long une éternité! A coup sûr je me distrairai par quelques cabrioles, et je préviens d'avance mes camarades de lit du cimetière Montmartre, peut-être, hélas! de Clamart — où va le rebut des hospices — qu'ils trouveront en moi un fort mauvais coucheur. — Mais revenons à nos moutons: Je ne parle pas des orangs-outangs déguisés en gendarmes, entre lesquels on m'avait crucifié. J'étais donc sur mon calvaire de bois au milieu de mes deux larrons, et, commençant fort à m'impatienter que messieurs les magistrats me fissent faire pareille antichambre pour une audience que je n'avais nullement sollicitée; il me prenait déjà l'envie de brûler la politesse à mes impolis personnages, quitte à revenir une autre fois, lorsqu'un dialogue tenu à cinq pas de moi excita mon attention et ma sensibilité :

— Et comme ça, mère Fanchette, disait une jeune fille au minois espiègle et à l'œil délicieusement éveillé, comme ça, vous croyez, vous, que ce père barbu doit avoir sur la conscience plus d'une peccadille à se reprocher?

— Chacun ses opinions, ma petite Gonde, nasillait une vieille voix aigre-douce; mais il y a des gens qui prétendent s'être souvent demandé, dans l'intérieur de leur âme, comment il se faisait qu'un homme qui a de l'*induction*, à ce qu'ils disent, et même des rentes, des rentes, ma chère! s'en aille par les rues habillé de cette façon, ou plutôt s'en aille déshabillé ?

— Mère Fanchette, ce n'est pas là une raison....

— C'est pas une raison, c'en est mille, dix mille qui l'inculpent, qui plaident contre lui. N'aie pas peur, mon enfant, il n'en faut pas tant que ça pour faire venir l'appétit à la justice.

— Mais il est bien libre, ce me semble....

— Libre de quoi ? libre de rien du tout : quand on n'a pas de gîte, faut en avoir un tout de même ; dormir à la belle étoile, ça gêne ceux qui se vautrent sous leur *égredon*; quand on n'a pas de veste ou de jupe, faut en trouver, parce que ça déplaît aux frisés et aux pincés; quand on se serre l'estomac avec une corde, ça vexe les gros ventres qui se sont repus soigneusement; quand par force on est à jeun, on a mauvaise haleine et ça peut gâter l'air des petits farauds à pommade et à huile antique. Tu vois bien, mon enfant, que celui qui n'a pas un grenier doit avoir une maison ; celui qui n'a pas de chaussettes à ses pieds doit avoir des bottes vernies; celui qui n'a pas un cornet de pommes de terre frites doit avoir un garde-manger plein de poulets rôtis. Si vous ne voulez pas être mis à l'ombre pour le crime d'avoir couché dehors, usé vos habits et dîné par cœur, allez-vous-en au Temple chipper un matelas, allez-vous-en friponner votre tailleur ou votre couturière, voler votre pitance chez le boulanger : vous ne serez plus coffré comme vagabond ou comme vagabonde, vous le serez comme escroqueur ou comme escroqueuse, voilà tout. C'est à prendre... ou à laisser.

— Mais vous disiez tout à l'heure, mère Fauchette....

— Je disais ce qu'ils disent, je me fichais d'eux, je ne disais pas ce que j'ai dans l'idée. Moi, tout au rebours, on ne me ferait point entrer dans la tête, avec un maillet, que Duclos soit un scélérat parce qu'il n'a pas été s'attabler de force avec eux chez Véry, parce qu'il n'a pas décroché en passant un manteau quelconque dans la galerie de Valois; moi, je ne crois pas que Duclos soit un outrageur de la pudeur publique, pour n'être pas venu s'installer dans le lit de leurs moitiés et ne leur avoir pas crié à eux autres : « Ote-toi de là, que je m'y mette. »

— Alors vous pensez qu'il ne doit pas être condamné à grand'chose?

— Moi, je le condamnerais, que je le renverrais promener; eux, ils le condamneront à faire les cent pas dans dix pieds carrés.

— Jésus! qu'il sera malheureux!

— Pauvre cher homme! il sera plus à son aise encore à l'ombre qu'au soleil, puisqu'au soleil il est si peu reluisant!

J'avais jusque-là prêté l'oreille à cette conversation avec un intérêt marqué; mais lorsque je vis cette niaise extravagance couronner tant de raisonnements sensés, lorsque j'entendis une créature humaine pousser l'abrutissement jusqu'à supposer dans le monde un trésor plus précieux qu'une vaste et pure atmosphère, jusqu'à supposer les vénéneuses et fétides suffocations d'un cachot préférables au parfum d'un beau ciel, aux richesses de la liberté, oh! alors, moi qui suis l'homme du grand jour, l'ami du grand air, s'il en fut jamais; alors je secouai violemment les épaules. Transporté de dépit, je m'assis sur mon banc et me retournai vers une autre partie de la salle, où quelques enfants étaient groupés avec leur famille. Mes yeux brûlants se reposèrent sur ces jeunes têtes, et mon cœur saigna cruellement à songer que la plupart de ces anges avaient été amenés là peut-être comme on les eût conduits au spectacle, au salon de cire, aux ombres chinoises, pour leur montrer — comme on épouvanterait par la vue d'un ogre, d'un vampire ou de l'image d'un criminel célèbre, — l'Homme à la longue barbe. Je souffris à cette pensée, qu'on faussait gratuitement, qu'on pliait de si bonne heure aux tendances impitoyables ces âmes si fraîches, si virginales, si tendres; et j'eus douleur de cette autre pensée, que plusieurs de mes petits spectateurs avaient dû encore venir au théâtre de la police correctionnelle — au drame du *Fou du Palais-Royal* — en l'honneur de l'approche du premier de l'an, puisque nous étions à la fin de décembre : triste cadeau d'étrennes qu'on leur offrait là!

Mon cher président Meslin — voyez si je suis ingrat, si les noms et la mémoire m'échappent! — monsieur le président avait fini par en finir, il paraît, avec sa tasse de chocolat; car un grand paillasse noir passa son œil hors de la porte, et s'exclama de tous ses poumons :

— Chapeau bas! le tribunal!

Les témoins qui déposèrent — et à ma charge, bien entendu — furent les inspecteurs de police qui m'avaient arrêté, soi-disant sur l'ordre de *monsieur* le commissaire et sur la plainte de plusieurs habitants du Palais-Royal. Quant à la dernière partie de ce débat, je me plais assez à la croire mensongère, en dépit de l'estime parfaite que j'ai cependant vouée aux chiens de la police.

Quand vint mon tour d'être interrogé, le président s'enfonça dans son fauteuil, prit d'une main son rabat pour se donner une allure imposante, et jugea de son devoir magistral de grossir sa voix déjà si peu mélodieuse :

— Votre nom ?

— Émile Chodruc-Duclos.

— Votre âge ?

— Cinquante-quatre ans.

— Votre profession ?

— Propriétaire.

Il y eut quelques sourires dans la salle : je lançai un regard perçant comme un stylet, les sourieurs devinrent plus sérieux.

— Vous n'êtes point parent ?...

—Oui, monsieur le président, je suis le très-proche parent de l'accusé, son plus intime ami.

— Pardon, pardon, je me suis trompé.

— C'est un malheur auquel on est souvent exposé, monsieur le président; dans votre métier surtout.

— Accusé, il y a contre vous prévention de vagabondange.

— On me l'a déjà dit.

—Mais vous n'avez pas dit, vous, quels sont vos moyens d'existence?

— Je ne rends pas compte de mes affaires à tout le monde.

— Vous devez compte à la justice.

— A la justice, oui; mais ce nom-là est si élastique! Le tout est d'abord de bien s'entendre.

— Accusé, voulez-vous déclarer vos moyens d'existence?

— Je le veux bien, puisque cela semble tant vous intéresser. J'emprunte à ceux que je connais et qui savent que je pourrai leur rendre.

— Pourquoi donc, si vous trouvez des gens disposés à vous prêter, ne leur demandez-vous pas de quoi vous vêtir plus convenablement?

— Je n'emprunte que ce qui m'est strictement nécessaire pour les besoins de la vie animale. Au reste, je suis dans la même position que lorsque j'ai paru devant vous. Je loge toujours rue Pierre-Lescot, et, depuis cinq ans, je n'ai pas découché. Ce n'est pas là être vagabond; et puisque vous avez déjà prononcé sur cette question à notre première entrevue, ce n'était pas la peine de me faire user mon temps et mes souliers à revenir en conférer avec vous.

— Vous êtes aujourd'hui sous le poids d'une autre inculpation. On vous accuse d'outrager publiquement les mœurs par la manière dont vous êtes vêtu, qui laisse à découvert plusieurs parties de votre corps.

— Je ne crois pas avoir jamais ainsi porté atteinte à la pudeur. Chaque jour, avant de sortir, j'ai soin de réparer, autant que faire se peut, les injures que le temps a faites à ma toilette. Jamais il ne m'arrive de paraître en public dans un état inconvenant.

A l'instant même où j'achevais ma courte plaidoirie, voilà-t-il pas qu'une affreuse fatalité en vint briser l'influence! Un geste, un seul geste dans ma péroraison avait détaché le dernier morceau de ficelle qui retenait mon haut de chausses, et je donnais ainsi la preuve la plus claire, la plus vivante, contre mes protestations de décence.

Tous les yeux firent ainsi que mon haut de chausses : tous s'abaissèrent, excepté ceux pourtant de l'osé magistrat qui, se redressant et s'engorgeant :

— Vous le voyez, accusé, vous avez prononcé vous-même votre sentence, vous avez outragé la pudeur jusque dans l'enceinte sacrée de la justice. Toute clémence envers vous serait une impardonnable et coupable faiblesse. Il faut un exemple pour la conservation de la morale publique : cet exemple sera donné. La cause est entendue.

Elle était plus qu'entendue, elle était jugée. Le tribunal écarta la prévention de vagabondage, il déclara constante celle d'outrage à la pudeur; mais, prenant en considération les circonstances atténuantes de la cause, il m'encagea pour quinze jours.

CHAPITRE XX.

LE PROVINCIAL.

Cette affaire occupa quelque peu l'attention ; la presse y prit aussitôt son rôle — où ne le prend-elle pas ? Mais, à propos de justice, je lui dois celle-là qu'elle fut en général une bavarde d'assez mauvais goût : vous auriez dit un lépreux qu'elle se plaisait à traquer.

Alors, comme chacun sait, le Palais-Royal était infesté par la prostitution : eh bien ! l'on ne rougit pas d'accoupler dans une même page ces deux fléaux : les femmes perdues et l'homme aux haillons.

« L'arrestation de Duclos, disait une feuille presque sérieuse, semble, à l'époque où nous nous trouvons, être en quelque sorte une conséquence du soin que prend l'autorité de faire disparaître du Palais-Royal les filles qui encombrent ses galeries. Elle n'aura sans doute pas voulu, d'une part, que les yeux des honnêtes mères de famille fussent à chaque pas blessés par la vue d'effrontées courtisanes ; et, d'autre part, que Chodruc-Duclos apparût en véritable Croquemitaine aux enfants qu'on amène en ces lieux, pour les faire jouir, à l'avance, de la vue des trésors dont le jour des étrennes leur fournira leur part. »

Je me vengeai par le plus âpre mépris de la fange odieuse dont on avait cherché à me salir : presque toujours un gazetier judiciaire et un diffamateur font deux ; entendez cela comme vous voudrez.

Un an plus tard, et à la date du 9 novembre 1829, les journaux n'avaient rien de mieux à faire que de s'occuper de moi.

« Ce matin à midi, Chodruc-Duclos, fidèle

à ses habitudes, promenait, dans le Palais-Royal, sa *cynique misère*, au moment où deux gendarmes se sont approchés de lui et lui ont exhibé un ordre d'arrestation. Ils l'ont emmené aussitôt. On assure que la prévention est la même qu'on a dirigée contre lui il y a plusieurs mois; on lui reproche encore un outrage public à la pudeur : ses vêtements en lambeaux laissaient voir quelques parties de son corps qu'il n'avait cru pouvoir mieux cacher qu'avec un morceau de papier. »

Et le 21 du même mois, ils reprenaient par cette expression de regret si déchirante :

« Il paraît que l'on n'a pas trouvé contre Chodruc-Duclos preuve suffisante de délit, car il a hier recouvré sa liberté, il recommence ses promenades au Palais-Royal. »

Pauvres infortunés! à qui j'avais volé l'agrément d'un joli petit compte-rendu d'audience, et d'une déclamatoire et sainte fulmination!

Entre ces douze jours, voici ce qui s'était passé :

Je sortais de mes galeries et me rendais à

mon jardin, lorsque je m'aperçus que depuis un instant un gros butor me suivait d'un air tout ébahi. Je m'arrête pour le laisser venir à moi. Mon curieux ne se décontenance point et s'approche sans façon en faisant la roue. Fatigué de cette manœuvre, je me place devant lui :

— Que me veux-tu, et qui es-tu?

— Ma fri, masieu, y voulé vous vouair, tant seulement vous vouair : à c't'heure i seu ben aise, v'lia tout.

— Quel besoin avais-tu de me voir?

— Parce qu'y disiont dans nout'pays qu'ol y avait dans la gran ville un paroissien qu'avait une barbe jusqu'au mollet, d'ous habits pas trop cossus et une humeur pas trop commode tous les jours.

— Eh bien, maintenant sauve-toi, ou je te donne à emporter à tes compatriotes une preuve : que je n'ai pas volé ma réputation de *pas commode,* puisque je passe pour cela chez toi.

Je poursuis ma route; mais à peine ai-je fait quelques pas, que je vois revenir à la charge et m'attaquer par les flancs mon benêt de provincial.

— Ah çà, fis-je en me retournant, sais-tu que tu commences, mon gaillard, à me turlupiner d'une solide façon?

— Ah! ouais, me répondit la grande bouche en s'ouvrant jusqu'aux oreilles, ça est donc ben malheureux de vous turlupiner, mon bia mosiou?

Je ne pus m'empêcher de rire et d'être désarmé à l'air si bêtement insolent de mon interlocuteur, et j'arpentai encore du terrain.

Voilà que mon imbécile, — qui n'était pas taillé pour se rendre à si bon compte, allonge sa marche, et se poste une troisième fois auprès de moi. Oh! pour le coup je n'y tenais plus, et, le visage tout empourpré d'impatience :

— Veux-tu me ficher le camp! lui criai-je de toutes mes forces. Je t'ai défendu de me regarder.

Il s'avança de plus belle, et m'examinant jusque sous le nez :

— Un chien regarde ben un évêque...

Il avait déjà reçu le plus vigoureux soufflet qui ait pu jamais, de mémoire de joue, châtier une impertinence.

Il répliqua par un coup de poing, et aussitôt s'offrit au public une seconde représentation de la pièce décousue qui s'était montrée au tribunal ; mon pantalon mal assuré venait de tomber sur mes talons, et me donner une nouvelle preuve des dangers que l'on court à gesticuler en parlant. Deux gendarmes — ces êtres-là n'ont-ils pas les yeux partout? — deux gendarmes se rencontrèrent à point, pour être les premiers spectateurs de mon nouveau délit. Le combat allait s'échauffer par l'arrivée des nouveaux combattants, lorsque mon traître de paysan, à qui je proposais de faire cause commune contre les importuns, prit ses jambes à son cou, et galope encore.

Je fus traîné au corps-de-garde, puis en prison pour quelques jours, et, trouvant qu'il n'y avait pas lieu à suivre, on me rendit ma chère liberté.

CHAPITRE XXI.

CROQUEMITAINE.

Depuis que la révolution de juillet eut bien voulu prêter aide à ma vengeance, j'avais porté mes lambeaux un peu moins déguenillés, sans pour cela consentir à leur abdication. Je commençais à croire que la civilisation marchait, et que mes promenades solitaires seraient moins troublées à l'avenir, lorsqu'au mois de juillet 1838, je fus appelé au parquet pour la plus stupide et la plus impossible des préventions qui pût m'être adressée.

— Que me veut-on encore? demandai-je au juge d'instruction.

— Vous êtes accusé d'avoir en plein jour outragé une jeune fille de dix-sept ans dans les galeries du Palais-Royal, et de l'avoir frappée ainsi que deux enfants qu'elle accompagnait.

Je bondis sur une chaise; puis, me remettant de mon indignation, je me pris à rire de pitié :

— Il n'existe d'outrage, répondis-je à l'homme de loi, que la gratuite ignominie dont vous ne craignez pas de m'accabler... Ma vénération pour les jeunes filles est un culte, ma tendresse pour les enfants est la plus pieuse des adorations; et cependant, lorsque je n'ai déjeuné ni dîné, je ne les approche pas dans la crainte de déflorer ces pures et fragiles fleurs... On veut me tuer par la prison ou par l'abomination publique... eh! que ne prend-on un fusil! ce serait plus généreux, ce serait moins hypocrite... Tout cela, monsieur, des querelles d'Allemand... Croyez-moi, nous ferons beaucoup mieux d'en rester là.

Je ne descendis pas à un mot de plus pour ma justification. Il me fut infligé, par défaut, 16 francs d'amende et un mois d'emprisonnement.

Les misérables!.. mais non, je ne les maudis pas, je les plains, et leur souhaite de n'avoir jamais à se reprocher plus de remords que moi.

Une autre fois ils m'ont fait arrêter, à propos encore, et toujours, de morale publique insultée par mon costume. J'ai dédaigné d'entr'ouvrir les lèvres pour en faire tomber une seule parole : je vois trop clair que tout cela est un parti pris, et la meilleure opinion que je puisse manifester sur leur compte, c'est que ce sont de grands marmots qui veulent se désemmailloter, se divertir, s'amuser de loin en loin, se mettre un hochet sous les dents quand les dents leur font mal.

Pour bannir loin de nous ces réflexions si pénibles jusque dans leurs hypothèses les plus indulgentes, laissez-moi clôre ce chapitre — que je vous devais comme une phase de mes plus profondes et plus iniques souffrances — par une complainte qui courut Paris à l'époque de ma première condamnation.

L'honneur de la complainte ne me revenait-il pas? Fualdès et Papavoine avaient bien eu la leur.

COMPLAINTE

SUR

L'HOMME A LA LONGUE BARBE.

AIR : *du Maréchal de Saxe.*

Le trente et un de décembre
De l'an mil huit cent vingt-huit,
Chodruc-Duclos fut traduit
Devant la sixième chambre
Où le correctionnel
Se juge réputé tel.

Pour faire un salut honnête
A nos messieurs du bureau,
Duclos ôtant son chapeau,
Se découvre ainsi la tête ;
Puis sitôt incontinent
Lui parle le président.

— Je connais votre visage,
Dit-il, puisque l'an passé.

Vous parûtes accusé
D'insigne vagabondage.
Aujourd'hui tout comme alors
Ce délit vous prend au corps.

Sitôt un amer sourire
Effleure l'homme aux haillons,
Qui répond : — Je vous réponds
Que ne sais ce qu'on veut dire ;
Car aujourd'hui comme alors,
Je n'ai pas couché dehors.

LE PRÉSIDENT.

Mais pour exister, je pense
Qu'il vous faut quelque moyen.
Vous ne faites, dit-on, rien
Pour gagner votre pitance :
Si c'est ainsi, dites-nous,
Comment donc existez-vous ?

DUCLOS.

A des amis que j'estime,
Ce que j'emprunte au hasard
Je le leur rendrai plus tard.
Emprunter n'est pas un crime,
Et je rends, sans me flatter,
Ce qu'on me voit emprunter.

LE PRÉSIDENT.

Pourquoi, puisque l'on vous prête,
Conservez-vous ces haillons ?
Car c'est grâce aux horions
Qui sont dans votre toilette
Que vous êtes, imprudent,
Présentement sur ce banc.

DUCLOS.

Je n'ai jamais, que je sache,
Ainsi blessé la pudeur ;
En cela, sur mon honneur,
Ma conscience est sans tache ;
Je rebouche sur-le-champ
Les trous que me fait le temps.

LE PRÉSIDENT.

Vous affichez un cynisme
Qui affecte un tout chacun.
Est-ce avoir le sens commun ?
A moins que d'avoir un prisme
On ne pourra, sans trembler,
Biéntôt plus vous regarder.

DUCLOS.

C'est à ma vie animale
Que je songe seulement ;

A vous dire franchement,
Le reste m'est bien égal;
Ceux qui me trouvent affreux
Peuvent se boucher les yeux.

Après l'interrogatoire
On commence le débat.
De l'accusé l'avocat
Raconte ainsi son histoire,
Attendant pour commencer
Que chaque juge ait toussé.

« L'homme qu'on voit en présence,
Et qui se nomme Duclos,
Dans la ville de Bordeaux
Vint au monde à sa naissance;
Et n'était pas, Dieu merci,
Ce qu'on le voit aujourd'hui.

Sa famille étant très-riche
Et très-riches ses parents,
Chodruc-Duclos à vingt ans
De l'argent n'était pas chiche,
Dépensant pour vêtements
Chaque mois dix-huit cents francs.

Ce fut sur ces entrefaites
Que de prisons en prisons
Traîné pour opinions,
Dans le temps de nos conquêtes,

Duclos, en homme d'honneur,
A son roi garda son cœur.

Des prisons de l'Abbaye
Par la ruse il échappa,
Et tout à coup se trouva
Au milieu de la Vendée ;
Mais à la paix le héros
S'en revint dedans Bordeaux.

Singulier de caractère,
Duclos, fier de ses lauriers,
Ne montra pas ses papiers
Ni au préfet, ni au maire.
Afin qu'il changeât de ton,
On le remit en prison.

Il y resta des années,
Et n'en ressortit, dit-on,
Qu'à la Restauration,
Quand les troupes alliées,
En occupant le pays,
Vinrent aussi dans Paris.

Sitôt, libre dans sa marche,
Duclos cherche à parvenir ;
Il cherche aussi d'obtenir,
Par mainte et mainte démarche,
Qu'il soit enfin remboursé
De ce qu'il a dépensé.

Mais, hélas! ses espérances
S'en allèrent à vau-l'eau;
En vain il se mit en eau
Pour rattraper ses avances;
Il ne fut que coudoyé
Et ne fut pas soudoyé.

Après une longue attente,
Voyant qu'il perdait ses pas,
Il perdit aussi ses bas
D'une manière effrayante;
Et depuis plus de cinq ans
Il n'a que ces vêtements.

Ainsi finit mon histoire :
Vous en voyez le héros.
Ainsi, messieurs, à propos
Consultez votre grimoire,
Et surtout pour mon client
Montrez-vous bien indulgents. »

Sitôt cette plaidoirie,
On juge Duclos d'ailleurs
Coupable d'outrage aux mœurs,
Non de vagabonderie ;
Le condamnant sans façon
A quinze jours de prison.

Avant de quitter la salle,
A Duclos le président

Adresse verbalement
Un beau sermon de morale,
Lui commandant le respect
Et d'être plus circonspect.

Après cela, l'auditoire
Sort de la salle aussitôt ;
Moi, je reviens au galop
Et je transcris cette histoire,
Pour qu'on ait compassion
Du sort de l'homme au haillon.

CHAPITRE XXII

LA BERGE.

———

Il est dans ma tête un souvenir qui ne s'effacera jamais, parce qu'il y a été gravé par le malheur.

Deux prêtres, deux avocats, deux rois, deux huissiers, deux millionnaires ne peuvent jamais se regarder sans rire..... Deux misères ne se heurtent jamais sans se tendre la main et verser des larmes.

Lorsque ces deux misères sont honorables, il y a sympathie; et quoiqu'on ne se retrouve plus dans le monde, — car le monde est bien vaste pour le malheur, — on s'aime toujours. L'un pense toujours à l'autre.

Je n'avais vu jusque-là que des gueux mendiant à haute voix et sans vergogne, que des éclopés criards et vagabonds qui arrêtaient le passant, et lui auraient volontiers cherché noise si celui-ci n'avait rien donné.

J'en avais étudié d'autres qui se postaient au coin des bornes, aux portes des restaurateurs; et qui, bien que n'implorant pas à haute voix, étaient les plus importuns des êtres, tant ils faisaient hypocritement jouer leur prunelle menteuse.

Ces gens-là, qui n'ont ni le courage de la pauvreté ni la pudeur du mendiant honnête, je les fuyais comme la peste, et je trouvais qu'ils déshonoraient leurs haillons.

Il y a dans l'univers un nom vivant, mais surtout dans ce Paris propre, parfumé, sale et empoisonné à la fois; une autre sorte de malheur qui brise l'âme, soit qu'on le juge mérité, soit que les indifférents et l'opulence l'aient fait seuls.

Ce malheur est celui qui s'attache à

l'homme de mérite, à l'homme de génie; et celui-là, messieurs; celui-là, mes amis; celui-là, mes ennemis, il est sous vos pieds, à vos côtés; sur votre tête; il est partout.

Ce malheur, qui a souvent l'air d'une béatitude, vit dans les mansardes quand la richesse lui donne une mansarde, et dans la rue quand son génie est incompris.

Ce malheur, il vit de pain, quand il a du pain; il vit de rêve, d'insomnies, d'illusions, de gloire.

Il vit surtout de son mépris pour l'espèce humaine; car il voit l'espèce humaine qui le coudoie et le renverse, riche de soie, de fourrures, de bassesses et de dignités...—je n'ai point dit de dignité.

Il faut l'avouer pourtant, le malheur n'est souvent dû qu'à un orgueil mal dirigé. Je sais fort bien que celui qui produit un chef-d'œuvre et à qui on ne le lui solde que le centième de sa valeur, a quelquefois raison de jeter le chef-d'œuvre au feu, puisque lui seul a le sentiment de ce qu'il vaut.

Enveloppé dans sa noble rancune, il ne

veut point transiger avec ses prétentions..., et le résultat de tout ceci c'est la faim, le désespoir, le suicide.

Toutes ces réflexions — j'allais dire toutes ces douleurs — me sont montées à l'âme après une rencontre que je fis un soir, le 25 janvier; il est des époques dont, je vous l'ai dit, on ne perd jamais la mémoire; il est des jours, des heures, des minutes qui s'offrent toujours à vous comme une céleste pensée, ou comme un infernal cauchemar.

Il vous tarde sans doute de savoir le nom de l'être si fatalement privilégié auprès de qui germèrent et mûrirent toutes ces pensées. Vous attendrez, s'il vous plaît; car j'aime à raconter, et la catastrophe du drame serait illogique, placée au premier acte.

La Seine charriait de grands glaçons qui glissaient, se frôlaient, se choquaient avec un bruit pareil à un froissement perpétuel de parchemin, et craquaient un instant après, arrêtés par les piliers des ponts, qu'ils entaillaient dans leur course.

Accoudé sur le parapet du quai de l'Ecole,

vers lequel je m'étais dirigé par hasard pour étudier le magique spectacle qui me faisait aimer l'hiver en dépit de ma nudité, j'interrogeais le phénomène... Il y a de la philosophie dans toutes les études des saisons et de la nature.

Les gros glaçons usurpaient leur place et cheminaient avec fracas ; mais leur course était ralentie par leur volume même. Les petits glissaient, se tordaient, éclataient, passaient entre deux colosses qui, en se rapprochant, les poussaient devant eux. Audacieux et fluet, vous arrivez à tout.

De temps à autre un cri sinistre poussé par un marinier appelait l'attention d'un autre marinier, gardien comme lui de la rivière ; ils brisaient tous les deux les glaçons qui s'amoncelaient autour des bateaux, les enclavaient et les ouvraient. Un fanal, jetant une lueur blafarde, allait çà et là, et ressemblait à une de ces âmes perdues autour du Styx, dont les mythologues nous font de si lamentables descriptions.

N'en riez pas, messieurs, n'en riez pas :

Chodruc-Duclos, tu sais toi que l'âme souffre encore plus que le corps, et que les tortures intérieures sont mille fois plus poignantes que les lacérations de la chair.

Sur la berge, seul, ainsi qu'un fantôme — l'homme et le fantôme sont frères — un homme marchait à pas lents, et semblait insensible à la brise glacée qui faisait voler à l'espace sa longue chevelure. Ses bras étaient croisés, sa redingote courte, ses pantalons l'étaient aussi, et sous ses pantalons se dessinaient des bas qui avaient été blancs jadis. Je crus remarquer pourtant qu'il portait une botte et un soulier.

Son principal vêtement avait été boutonné jusqu'au cou, et je soupçonnais l'absence d'une chemise sous le lambeau de soie qui servait de cravate au fantôme. Quant à son chapeau, c'en était un, mais bossué, puis taillé de l'arrière comme un plat à barbe.

— Encore un Duclos, m'écriai-je involontairement...

C'était bien mieux que cela.

Fou! pauvre fou, qui croyais à deux Duclos

dans le monde ! Il n'y en avait qu'un alors, y en aura-t-il un autre après moi ? Oui, si un homme a du cœur, s'il est l'ami d'un ministre, et si ce ministre a nom Peyronnet et répudie son passé.

Le fleuve ne grossissait plus, et la berge ne devait plus, selon toute probabilité, être envahie; on avait laissé contre les murs du quai un grand nombre de pièces de vin et d'autres marchandises, sous la garde du froid et de la nuit.

L'homme-fantôme se dirigea vers ces provisions de l'opulence, et, tournant ses regards de part et d'autre, il sembla chercher une place pour s'asseoir et s'endormir.

Il s'assoupit et je le perdis de vue.

— Oh ! parbleu ! fis-je en moi-même, je saurai bien qui tu es, Chodruc en herbe; et je verrai si tu es digne de marcher sur mes traces.

Je descendis à pas de flâneur vers mon *âme échevelée*, comme diraient les romantiques, et j'allai droit à la place occupée par mon inconnu. Ses pieds dépassaient un baril d'eau-de-vie, et sa tête reposait sur un baril voisin. Je pensai involontairement qu'à l'aide d'une petite vrille ou d'un couteau — car on a plus souvent celui-ci que celle-là — le malheureux pouvait mettre fin à sa détresse ; mais il était peut-être aussi opiniâtre que moi, et dès lors je comprenais qu'il pût dormir là-dessus sans s'inquiéter de l'oreiller.

CHAPITRE XXIII.

UN GRAND POÈTE.

J'avançai vers l'inconnu ; puis, le heurtant de ma chaussure de lisière :

— Pardon, gardien, lui dis-je, mais vous avez pris ma place.

— Je ne suis pas gardien, me répondit une voix assez douce, je ne suis gardien de rien du tout ; et si, en effet, je vous ai pris votre place, je vais vous la rendre.

— Point, vous pouvez y rester ; la berge est large, et à deux nous n'y serons pas gênés.

— On ne le serait pas à quatre, on ne le serait pas à mille, on ne le serait pas à dix mille ;

et cependant elle serait encore beaucoup trop étroite si les hommes tels que vous et moi venaient y chercher un abri, le sommeil.

Sans plus de façon, je m'assis auprès du philosophe, et, le regardant en face, j'en eus pitié. Il eut pitié de moi aussi, et me tendit la main en me disant :

— Bonne nuit, monsieur Chodruc-Duclos.

— Ah! vous me connaissez?

— Je vais souvent au Palais-Royal. Vous ne me connaissez pas, vous?

— Je ne viens jamais ici; est-ce que c'est votre chambre à coucher habituelle?

—Ma chambre à coucher est partout, quand j'ai sommeil : les Champs-Élysées, une place publique, la borne de la rue, le porche d'une église, le parapluie de la halle, tout me va, tout me suffit... Je dormirais peut-être aussi dans un palais. Mon abri, à moi, ce sont mes pensées qui se promènent chaudes, corrosives. Ma vie, à moi, n'est point dans ma tête, elle est dans mon cœur; et cependant je n'ai connu que ma mère au monde, des enfants ou des vieillards, des fronts roses et calmes ou des cheveux rares et blancs. Mon bonheur, à moi, c'est la rencontre d'une chose qui n'a pas été dite par les Béranger, les Gilbert, les Lamartine, les Barbier, les Malfilâtre, les Chatterton. Mes rêves, c'est Byron, Goethe, Alfieri, Torquato, Fielding, Camoens, Cervantès, Cooper, Walter Scott.

» Mes insomnies, ce sont les hommes de génie, ces mêmes demi-dieux, inspirateurs et désespoir en même temps de quiconque a une plume, une âme, et veut un avenir.

» Ma douleur, à moi, c'est le cri des entrailles grondant trop souvent, hélas! pour ne pas étouffer les cris de l'ambition et de la gloire.

» Mon espérance, à moi, c'est une dernière agonie, un dernier râle, un dernier rayon de soleil entre un maçon fiévreux et le plombier mutilé dans une chute...

» Ma dernière couche, à moi, ce ne seront point les marbres d'un palais, les soies de l'opulence, la mansarde de l'ouvrier, la chambrette de l'étudiant, le grabat de la misère; ce sera le lit de l'hôpital.

» Mon dernier adieu, ce sera celui que j'adresserai, comme Gilbert, à une sœur pieuse qui me jettera des paroles de miséricorde au cœur; ce sera l'anathème d'un prêtre qui lancera ses foudres sur mes impiétés. »

La tête de mon inconnu venait de heurter violemment son oreiller de bois : j'allais le saisir dans mes doigts robustes, parce que je craignais un transport au cerveau; mais je le vis calme et cessant de respirer par soubresauts : je me rassis.

— Depuis combien de temps, lui dis-je, êtes-vous sorti de Charenton?

— Où est Charenton?

— A une lieue de Paris, là-bas, là-bas, derrière le faubourg Saint-Antoine, sur une butte assez élevée.

— Vous me l'indiquez trop bien pour ne pas le connaître. Est-ce qu'on ne vous y a jamais enfermé?

— On y n'enferme que les fous et les malfaiteurs.

— Il faut deux titres? alors vous n'en avez pas assez pour y être reçu.

— Et vous, franchement, ne vous en êtes-vous pas échappé?

— Franchement, non.

— Je vois ce que c'est : vous êtes artiste?

— Vous avez deviné.

— Artiste en quoi? Êtes-vous peintre?

— Quelques hommes de goût me l'ont dit; je le crois.

— Peignez-vous l'huile, l'aquarelle, le paysage, l'histoire?

— Je peins le cœur humain.

— Ah! vous êtes poète?

— On le dit.

— Voulez-vous me réciter quelque chose de vous?

— Non, je préfère causer : le sommeil vous gagnerait.

— Bah! bah! récitez toujours.

— J'aime mieux vous donner cette pièce de vers que vous garderez en souvenir de notre rencontre, et que j'ai là toute brûlante encore dans le cerveau.

« Ce qui m'a fait poète, poursuivit-il, ce n'est pas le malheur, c'est l'illustration ou la honte de mon pays; mais quand j'ai vu qu'il n'y avait nul profit pour personne à chanter le malheur, à chanter la gloire et la liberté, je me suis pris à dédaigner les rois, à mépriser les gouvernements, et à laisser rouler la terre dans son orbite.

» Un roi, un prince, un empereur, des ministres, des grands, des petits, le peuple : loups et brebis, dévorateurs et victimes;

» Un trône, un dais! qu'est-ce que tout cela, je vous le demande? si ce n'est une divinité qui protège, c'est un lâche et puissant qui écrase. L'étole ou la pourpre, la tiare ou le sceptre : tout cela, monsieur Chodruc-Duclos, tout cela, instruments aveugles d'aveugles rancunes, d'aveugles vengeances, d'aveugles passions. Le monde, monsieur Émile Chodruc-Duclos, n'est peuplé que d'imbéciles, de poltrons, de gens qui n'y voient point parce qu'ils se laissent crever les yeux et qu'ils disent merci aux bourreaux....

» Les Quinze-Vingts ne sont qu'une succursale de ce vaste univers, où l'on marche à tâtons pour aller à la conquête de la vérité. Mais, hélas! la cécité nous est venue par l'éblouissement, et ceux qui y voient le moins aujourd'hui sont ceux qui mènent les autres.

— Tiens! vous avez étudié la chose publique?

— La chose publique n'est jamais que la chose particulière.

— Alors, faites-moi donc le plaisir de me dire ce que c'est que Villèle?

— Un chiffre.

— Soult?

— Une épée rouillée dans son fourreau.

— Martignac?

— Un homme qui aurait voulu être bon.

— Polignac?

— Dès qu'il y a du gnic et du gnac, je tremble pour mon mouchoir.

— Et d'Haussez?

— Une plume qui vise à écrire.

— Et Chantelauze?

— Un zéro qui n'a de valeur que selon la place qu'il occupe à côté de tel ou tel nombre.

— Et Peyronnet?

— Un homme heureux. Mais je parle, je crois, d'un de vos amis.

— Oui, ami comme l'ange Raphaël est l'ami de Satan.

» A mon tour, monsieur le poète; puisque vous savez que Peyronnet et moi avons été amis. Peyronnet, voyez-vous, est un *homme grand*, qui aurait voulu à tout prix que ces deux derniers mots changeassent pour lui de position.

» Peyronnet a été tellement étonné de se trouver au haut de l'échelle, que peu s'en est fallu que son orgueil ne fît crouler le piédestal.

» Peyronnet ministre, seul au milieu de ses vastes salons, devait passer sa vie à s'admirer dans son hermine, à se draper dans sa vanité.

» Et cependant Peyronnet ministre valait encore mieux que Peyronnet demi-gentilhomme bordelais.

» Peyronnet, mon ami! Oh! pour le coup, je déclare que Charenton vous convient à merveille.

» La route du lion n'est pas celle que prendra jamais Peyronnet : il lui faut, à lui, la route du renard ; et voilà pourquoi il est arrivé.

» Je possède mon Peyronnet, comme je possède mon Palais-Royal : il n'est pas une dalle de cette âme que je ne connaisse à fond. Il en est sorti un son creux, retentissant, et pas une pensée consolante et noble.

» Peyronnet et moi, c'est le zénith et le nadir, c'est l'hiver et l'été, ce sont les ténèbres et la lumière; c'est vous, c'est moi... et l'opulence. »

Notre conversation se serait sans doute long-temps prolongée encore; mais un inspecteur du port arriva, suivi de deux agents de police; et, de sa voix brutale, il nous ordonna de nous lever.

— A la bonne heure ! s'écria mon compagnon d'infortune, voilà qui vient à l'appui de ma prédication. J'avais pour lit une pierre glacée, pour dôme le ciel, pour oreiller un morceau de bois, pour horizon un parapet; mais on m'arrache tous ces biens, ces trésors,

parce que j'en avais un plus appréciable.....
un air pur et libre.

Nous fûmes conduits à la Préfecture de police, mon nouvel ami et moi; on nous donna pour asile une chambre vaste, sale, étouffante; et pour camarades, des voleurs, des assassins, des espions....

Le lendemain, Hégésippe Moreau sortit du dépôt de la Souricière, par ordre du préfet de police.

Il est allé de la Souricière à l'hôpital, de l'hôpital au cimetière, du cimetière.... je ne sais où.

14.

CHAPITRE XXIV.

UNE SCÈNE DES FUNAMBULES.

———

— Accusé ! disait un président de cour d'assises, presque au début d'une cause.

— Voilà, monsieur le président.

— Accusé, vous êtes un voleur ; je ne sais pas si je me fais comprendre.

Rien au monde ne vaut cette inquiétude, la manifestation de ce doute ironique, si ce n'est un mot que j'ai entendu l'autre soir au théâtre des Funambules :

— Je viens vous dire, monsieur, que vous êtes une canaille.

— Je vous prie de ne pas me parler sur ce ton, parce que je n'aime pas les mots à double entente.

Un jeune homme élégamment vêtu et une jeune dame de belle et bonne tournure avaient voulu voir ce *Pierrot* que tous les étages de Paris descendent pour admirer Pierrot qui est comme Séville — un peu moins grand cependant — Séville ou Sept-Villes, comme il vous plaira, qu'il faut visiter avant de mourir, ou l'on ne connaît rien. Le couple épanoui paraissait fort content de sa soirée, lorsqu'un accident imprévu troubla leurs délicieuse hilarité, leur béatitude. — Aussi je vous demande un peu — s'il valait bien la peine de courir au boulevard du Temple, pour s'ébahir devant des grimaces, des cabrioles, des tours de passe-passe. Moi, c'est différent ; je pouvais me donner cette légère satisfaction : vous savez que je n'ai pas tous les jours mon entrée fort libre chez les ministres ; « ma foi, m'écriai-je avec insouciance, là ou là... escamotages pour escamotages, c'est toujours Pierrots arlequins ou arlequins Pierrots. »

Quoi qu'il en soit, mes deux jeunes amateurs, fatigués et blasés sur ces autres scènes, portaient peut-être sur leur dos Luxembourg et Palais-Bourbon : vous concevez dès lors que la charge pût finir par leur sembler lourde et corrompre jusqu'à leurs joies les plus innocentes : ils avaient donc bien incontestablement le droit de venir faire la comparaison et d'essayer de tous les genres avant de se prononcer... O mon cher monarque des Funambules! ô mon cher Debureau, je te le dis entre nous — comme ton sceptre est usurpé! Comme je t'irais lestement trouver ton maître, si tu voulais parier avec moi... seulement la valeur d'un P....

Mais que voulez-vous? nous sommes dans un si malheureux siècle, que le mérite se cache... et vous ne daignez lui rendre justice que lorsqu'il vous a mis en état de ne pouvoir plus le payer.

O déloyauté! ô ingratitude! Et vous, pauvres martyrs! et vous, pauvres Vincents de Paul! on vous a vu,— par force, il est vrai, mais n'importe, — l'on vous a vu vendre des portefeuilles, escamotés ou non, cela ne regarde personne; mais vous les a-t-on vu jamais remettre à d'autres mains sans avoir eu la précaution, la politesse, la délicatesse, de les vider bien complétement des pauvres chiffons de billets timbrés à la Banque de France que vous aviez été forcés d'y serrer en désordre, avec précipitation? car vous avez aussi vos heures de *travail*, pressé, j'espère.

Qu'ils parlent, vos ennemis ! On vous a vu guetter à sa sortie du collége le petit cousin de madame, pour lui jeter à la tête une sous-préfecture, une division de ministère, n'importe quoi de ce qu'il voudrait bien accepter; vous a-t-on vu laisser tomber dans une famille nombreuse et besogneuse le tabouret le plus sale de vos bureaux ou d'un bureau de campagne?

Jamais.

Qu'ils parlent, vos ennemis! On vous a vu courir après quelque joli officier, ami d'enfance de mademoiselle votre maîtresse; on vous a vu courir après lui et remettre la main sur lui, alors que tout son régiment ne savait plus où le prendre, un beau matin que les ennemis étaient là; on vous a vu le rattraper à vous tout seul, le présenter à son colonel, après la bataille, comme un brave qui s'était dévoué secrètement pour aller visiter les avant-postes de nos adversaires. On vous a vu lui apporter, toutes fabriquées d'avance, des épaulettes pour ce beau fait d'arm s. Vous a-t-on vu prendre souci, changer les épinards de ce brave et silencieux troupier qui, faisant de son fusil assommoir, fer et flamme, a sauvé ce drapeau, enlevé cette batterie?

Ah! bien oui!

On vous a vu attirer quelque beau génie à une partie d'écarté, lui escamoter son dernier sou, son dernier grain de probité; on vous a vu lui poser une bourse contre sa plume pour dernier enjeu, et lui dire : « Mon cher poète, mon cher orateur; maintenant la bourse ou Sainte-Pélagie, la bourse ou l'honneur, la bourse ou la vie!... » On vous a vu glisser dans cette bourse le venin qui corrompt, mais le ruban qui ennoblit. On vous a vu marquer du ruban rouge plus d'un vaurien qu'il eût fallu marquer du fer rouge. Vous a-t-on vu frapper au seuil du talent modeste, et vous présenter à la grande et noble inspiration, sa croix d'honneur à la main ?

— Fi !

On vous a vu hâter — pour abréger les souffrances, j'en suis bien sûr — l'heure fatale de plus d'une immolation. L'on vous a vu broyer contre une dalle de cachot plus d'un dévouement sublime; on vous a vu fabriquer des geôliers, des espions avec plus d'un citoyen de haute ou basse volée, auquel vous eussiez dû mille fois mieux faire administrer une ou plusieurs volées. Vous a-t-on vu rechercher ou accorder la grâce du courage malheureux : que ce courage s'appelât frères Fauché, sergents de la Rochelle, général Lallemand, — entendez-vous, prince de Polignac? — général Caron — entendez-vous, comte de Peyronnet?

— ou...., ou...., ou......, ou...., entendez-vous, messieurs les autres?

— Plus souvent!

On vous a vu glisser dans la cassette du pays vos mains grandes ouvertes, vous les a-t-on vu retirer ouvertes?

— Allons donc!

On vous a vu faire des erreurs de calculs dans vos états de recette — qui est infaillible en ce monde? — Vous a-t-on vu en augmenter le chiffre, diminuer celui de vos états de frais? Vous a-t-on vu enfin ignorer, quelque part que ce soit, votre seconde lettre de l'alphabet des mathématiques, nommée, je crois, la soustraction?

— Dieu vous en garde!

On vous a vu offrir galamment un biscuit de Savoie au caniche de votre portière. Vous a-t-on vu jamais jeter un morceau de pain noir à l'enfant de cet honnête homme, que vous avez chassé du poste qui leur donnait à vivre?

— Quelle extravagance!

On vous a vu enfin vous nourrir et toujours de la sueur du peuple, grandir, vous fortifier, vous illustrer par le sang du peuple. Vous a-t-on vu pencher une douce main sur ce front tourmenté? vous a-t-on vu glisser le baume de la sympathie, faire descendre une goutte de bonheur, ou plutôt de consolation, dans ces artères puissantes et généreuses?

— Jamais, jamais.... — ou l'on vous a trompés, ou vous vous êtes trompés; mais alors vous promettez bien de ne recommencer jamais.

Voyez pourtant où peut mener une heure de Funambules....

Là, si vous avez un chapeau reluisant autrement que par la crasse et une redingote coupée autrement qu'en forme de guenilles, vous passez pour un habitant de la Nouvelle-Zélande; on vous montre au doigt comme une bête fauve échappée du Jardin-des-Plantes; là, vous êtes Duclos si vous n'êtes pas Duclos. Comprenez-vous? — Non. — Je ne m'en moque pas mal!

Le public de ce théâtre est habitué aux escarpins de lisières, aux habits festonnés, aux gants en fer et en acier, aux cravates couleur de chair : un soulier de maroquin lui marche sur le pied, un coude sans trou le heurte affreusement, un gant-paille lui donne un soufflet, une cravate de soie le saisit au cou pour l'étouffer.

Ne vous étonnez plus si le jeune homme et la jeune dame, qui étaient venus se perdre dans cette région lointaine, étaient les plastrons de plus d'un regard indiscret, de plus d'un quolibet déplaisant, même de plus d'un rire peu décent.

Le jeune homme finit par comprendre, ou plutôt par ne pas comprendre que son dandysme pût lui valoir des horions aussi acharnés. Impatienté de ces hostiles manifestations, qui étaient loin d'épargner sa jeune compagne, il se lève à la fin de l'acte, court au plus obstiné des mauvais plaisants, qui se prélassait, dans son insolence, entre deux femmes non moins insolentes que lui.

— Vous m'avez regardé, vous avez chuchoté contre moi, lui dit-il; vous avez cherché à m'insulter par votre grossière impertinence : vous êtes une canaille.

C'est alors que son adversaire décontenancé lui répliqua :

— Je n'aime pas les mots à double entente.

— Et moi, je n'aime pas les impolis, les rustres comme vous; moi, je vous répète que vous êtes un insolent, vous aussi bien que ces deux femmes; et, pour qu'il ne vous arrive plus de lever les yeux de mon côté, je vous châtie sur les deux joues.

— Moi, je vous prie, monsieur, de ménager vos expressions.

Rien au monde n'est amusant de lâcheté, comme ce *Ménagez vos expressions*, à propos d'un soufflet reçu. J'étais dans le voisinage, et force me fut de me contenir, tant l'indignation et le rire me gagnaient à la fois. Je cherchai cependant à me maîtriser; j'accours sur-le-champ, de peur que ce brave jeune homme ne soit victime de sa colère juste et digne. J'avais la mesure de son adversaire par la parole que je venais d'entendre; mais son entourage s'animait, et je ne sais trop quel parti on aurait fait au fashionable si je ne me fusse élancé.

« — Si vous lui touchez du bout du doigt, m'écriai-je, vous êtes tous des poltrons; car vous êtes une salle contre un homme. Et cet homme, qu'a-t-il fait? Ce que j'eusse fait à sa place et ce qu'eût fait celui d'entre vous qui n'est pas un capon. Vous l'avez outragé — ne dites pas le contraire, vous mentiriez; — vous l'avez outragé bêtement, et il s'est vengé sur celui qui avait le plus de langue et le moins de cœur — comme c'est l'ordinaire. — Et pourquoi vous gendarmer si fort? Parce qu'il est ici, et pas chez lui? Eh bien! n'est-il pas libre de venir ici comme les autres, pour son argent? Parce qu'il n'est pas habillé comme vous? N'est-il pas libre de s'habiller comme il lui plaît? Je dis, moi, que tout homme est le maître de ses actions, et voyons un peu lequel osera me donner un démenti! »

Je me tus un instant : le silence était général; j'avais été reconnu, et ma présence avait imposé à la foule. Nous étions au dernier entr'acte; je vis le jeune homme s'en retourner dans le corridor, où il retrouva sa jeune dame bouleversée d'inquiétudes, qui demanda son chapeau à l'ouvreuse et entraîna son cavalier.

Je les suivis de loin : je préférai les garantir contre toute éventualité perfide, contre toute attaque de sournoise vengeance, plutôt que de rester à bâiller durant un acte encore. Mais à peine étais-je descendu sur les boulevards, que le hasard fit porter en arrière la tête de mon protégé; il m'aperçut, vint à moi, et donnant à ce nouvel acte de générosité un vil motif d'intérêt :

— Ah! pardon, brave homme, dit-il en mettant la main à son gousset, pardon, j'avais oublié....

— Oui, vous aviez oublié qui était votre défenseur; vous aviez oublié que je donne mes services et ne les vends jamais; que je ne suis pas un fort qui délivre les faibles pour en tirer rançon, mais un homme qui secourt son prochain pour le bien-être de sa propre conscience, pour le triomphe de toute justice. Vous aviez oublié, monsieur, qu'en bonne équité je vous devrais, moi, un châtiment pour votre audacieuse indiscrétion, pour votre impertinence. Mais le châtiment que je vous infligerai sera mon mépris et mon départ. Allez, monsieur, je ne m'inquiète plus de votre vie; regardez bien désormais à qui vous avez affaire. Tout le monde n'a pas ma générosité : pour moi, vous m'avez trouvé dans un de mes quarts d'heure d'indulgence, je vous en félicite et vous souhaite bonne chance.

J'avais déjà disparu et je ne revis plus dans la suite que le niais agresseur du jeune homme et de sa compagne. Voici à quelle occasion.

J'entrais avec mon ami Debucq chez ma *restauratrice*, lorsque deux gros paysans se précipitent sur mes pas.

— A qui en voulez-vous?

— A vous, notre bon maître.

— Je ne suis le bon maître de personne; mais vous, qui êtes-vous donc?

— Vos fermiers, monsieur Duclos.

— Fermiers de quoi?

— De votre ferme.

— Dans quel pays?

— Sur les bords de la Garonne.

— Eh bien, après? que voulez-vous de moi?

— Vous faire signer ces papiers.

— Voyons? Des quittances?

— Et en voici le montant que nous vous apportons.

— Allez vous promener, vous, vos paperasses et vos écus : vous m'ennuyez, je n'accepte rien des gens que je ne connais pas.

Et d'un revers de main j'envoyai tout au diable.

Je savais bien posséder quelque chose encore, quelques petites bribes léguées à mon profit par mes vieilles tantes de La Réole ; mais comme je ne m'en étais jamais occupé, comme je n'avais jamais vu le minois des deux butors qui venaient à brûle-pourpoint m'infliger le titre de rentier ; comme je craignais un peu, il faut le dire, que ce ne fût là un moyen détourné de quelque âme délicate pour me faire du bien malgré moi ; comme enfin, et avant toute chose, j'avais meilleur emploi à faire de mon temps, ce jour-là étant jour de campo pour mon ami Debucq, alors sans travail; par toutes ces raisons, je montrai la rue à mes importuns et je m'installai aux prochains bancs.

D'une table située dans un angle noir, à l'extrémité de la salle, j'avais entendu certains rires inconvenants et stupides que mon dialogue semblait avoir inspirés. Ma première pensée fut d'aller faire connaissance avec les rieurs; Debucq m'apaisa, me contint, et je fis grâce pour le moment.

On nous servit à dîner; mais tandis que nous dévorions et jasions en même temps, une querelle ardente s'était allumée à la table du fond, et il nous devenait impossible de nous entendre à travers cette criarde loquacité. Nous voulûmes bien commencer par une petite concession, par nous résigner au silence en attendant que la trombe passât. Mais elle ne passait point. C'était auquel des disputeurs ferait le plus admirer son contr'alto. Ce bruit finit par me fatiguer, et comme les explosions assourdissantes étaient dominées par une voix stridente et nasillarde que je reconnus pour une voix de femme :

—Oh! si j'étais là-bas, fis-je assez haut pour être compris, si j'étais là-bas!

—Qu'est-ce que tu ferais donc? s'écria l'organe pointu et grossier à la fois.

—Je te ferais taire.

—Oui-dà!

—Et si je ne pouvais te fermer la bouche autrement, je sauterais sur un bon gourdin.

— Toi, vieux scélérat! toi, vieux brigand! toi!...

Et la mégère me portait déjà les poings jusque sous les dents.

— Toi, va-nu-pieds! toi... tu ne mourras que dans un cachot; on te fera une basse-fosse de soixante pieds, on t'y jettera comme du linge sale et tu y crèveras comme un chien.

Cette colère m'avait amusé d'abord, mais ses derniers éclats me mettaient hors de moi. Puis le cavalier de la harpie venait de s'avancer à son tour, et j'avais reconnu dans les deux hurleurs et mes deux rieurs de l'instant d'auparavant, les deux rieurs que j'avais tancés aux Funambules. Alors, le rouge de la fièvre me colora le visage et me rongea les veines : mes paupières prirent feu, mes membres se contractèrent, je bondis dans un mouvement terrible. C'était le tonnerre, la foudre devait venir : dans mon aveugle fureur, mes doigts s'étaient crispés sur un couteau : Debucq me l'arracha.

— Sauvez-vous! sauvez-vous! crie la maîtresse de la maison à mon audacieuse antagoniste. Celle-ci ne se le fait pas répéter et elle gagne la porte. Je me lève, et pendant que mon ami Debucq saisit et couche sur nos assiettes, nos bouteilles et nos verres le monsieur de ma fuyarde, je la poursuis à outrance. Elle court à un hôtel vis-à-vis : une femme qui se trouve là ferme vivement la porte vitrée; je l'ouvre après en avoir brisé deux carreaux, et, prenant l'officieuse par la main, je lui fais faire une pirouette qui se termine par une chute sur un coin du parquet. Quant à ma poursuivie, elle s'était claquemurée je ne sais où, il ne me fut pas possible de l'atteindre, elle en resta quitte pour la peur. L'autre infortunée fut victime de sa gracieuse hospitalité. Je la rencontrai huit jours plus tard le bras en écharpe; il s'était enflé à ne pouvoir plus bouger, sous la pression de ma main.

Je fis des économies, et lui envoyai, sans me faire connaître, un petit secours d'argent pour l'aider à se guérir. On vint à moi pour les carreaux brisés; je répondis que j'ignorais ce dont on voulait me parler, qu'on eût à s'adresser à ma restauratrice, qui saurait peut-être la demeure de ma lutteuse, véritable auteur du dégât. Et l'imprudente se vit contrainte, en effet, à payer *les verres cassés*.

CHAPITRE XXV.

CAUSERIES.

J'ai deux aventures à vous conter : l'une plaisante, l'autre tragique. Il est des imbéciles qui commenceraient par la seconde, moi je commence par la première.

Mais voici que j'ai déjà oublié le nom de mon héros; tout ce dont je me souviens, c'est qu'il portait celui d'une petite cité voisine de la Vendée, comme serait Niort, Bressuire ou Parthenay; car maintes fois je lui disais en riant qu'il était une personne *vile*. C'était bien histoire de rire : le pauvre garçon méritait, certes, plutôt le royaume des cieux qu'une telle épithète : il était cent fois trop... bon pour être méchant.

Depuis sept grands mois déjà, on l'avait débarqué aux Messageries Laffitte et Caillard; il conservait encore toute la naïve ingénuité de l'âge le plus tendre.

Un dimanche matin, que je franchissais la rive droite de la Seine, je l'aperçois vertical comme une guérite, et les mains dans ses poches, sur la plate-forme du Pont-Neuf, à deux pas du factionnaire.

Je vais à lui et lui demande ce qu'il fait grelottant ainsi au beau milieu d'un pont.

— Je cherche quelqu'un, me dit-il.

— A travers toute cette foule, tu as fort affaire, car, d'ailleurs, chacun se sauve comme si le diable l'emportait; sais-tu que nous avons un froid de onze degrés?

— J'en sais quelque chose; il est dix heures, et je suis ici depuis huit.

— Ah! mon pauvre garçon, que je te plains!

— Oh! mon Dieu, je n'y fais pas grande attention; quand on a un but devant soi, on ne s'inquiète pas des difficultés pour y arriver

— Mais enfin, mon cher intrépide, il faut qu'une résolution, une raison bien puissante cloue tes deux pieds à cette place?

— Pas précisément; mais je ne serais pas fâché de n'être pas venu pour rien.

— Je te crois sans peine.

— Puis, je ne connais pas encore mon Paris sur le bout du doigt, et cette occasion me procure l'avantage de faire plus ample connaissance avec lui.

— Comment cela?

— Parce qu'il passe toujours sur ce pont, dit un vieil adage, un échantillon des quatre principales catégories de la société parisienne : une femme qui entend la plaisanterie, un mouchard qui ne l'entend pas du tout, un député ministériel, un cheval blanc d'omnibus. Aussi ne suis-je pas mécontent de ma matinée, car j'ai été à même de vérifier si l'adage disait vrai.

— C'est au moins un résultat.

— Oui, mon ami, j'ai bien regardé de tous mes yeux; et comme j'étais on ne peut mieux placé pour mes observations, toutes les cinq minutes j'embrassais d'un seul coup d'œil les deux extrêmités du pont, et j'y ai constamment cru reconnaître à la fois les quatre échantillons de rigueur.

— En bien! je commence à me consoler, tu n'auras pas complétement perdu ton temps et tes peines. Pour moi, je ne trouve pas la zone assez torride et je m'enfuis en toute hâte au quartier Saint-Germain. Au revoir.

Je m'éloignai en effet, tout étourdi d'un tel prodige de patience, et encore dans l'ignorance du véritable motif qui pouvait le retenir, depuis deux grandes heures, dans le lieu de Paris le plus exposé aux brises glaciales. Pourtant, comme je suis peu désireux en général de m'immiscer dans les affaires d'autrui, j'allais m'occuper des miennes, et à midi je repassais le Pont-Neuf pour regagner ma demeure.

— Comment! toi encore là, mon pauvre garçon?

— Toujours.

— Ah çà! tu veux donc y établir domicile?

— Je ne te comprends pas.

— Ni moi non plus, je t'assure, mon ami. Est-ce que tu attends la même personne que tu attendais à dix heures?

— Tu l'as dit.

— Vaurien! vaurien! cela doit se culotter avec des jupons et se boutonner avec des épingles; on n'a pas une pareille dose de complaisance pour un individu de son sexe.

— Ma foi! tu te trompes bien; car c'est un homme que j'attends, et, qui plus est, un de tes amis, un de nos amis communs.

— Bah!

— En vérité.

— Et qui donc?

— Louis Duséjou, le pharmacien.

— C'est un charmant garçon, que j'aime de toute mon âme; mais je n'en croirais pas moins mériter de ne pas avoir la croix d'honneur, si je m'imposais, en faveur d'un simple mortel, une semblable corvée; aussi, mon brave, comme il n'est guère probable que tu gagnes jamais le ruban rouge dans une autre occasion, je te conseille fort de le réclamer sur-le-champ; plus d'un homme sans ruban n'a pas eu ton courage, plus d'un lauréat Monthyon n'a pas eu ta vertu.

— Tu as l'air de croire qu'il m'ait donné rendez-vous ici?

— Je le crois, en effet.

— Tu as tort, grand tort; c'est une complète erreur.

— Alors débrouille-moi tout ce gâchis.

— Voilà : nous ne nous sommes pas assigné le moindre rendez-vous ; seulement, comme c'est aujourd'hui dimanche, et qu'il n'est pas libre les jours ouvrables; comme, d'une autre part, il passe en cet endroit beaucoup de monde, je suis fondé à espérer que Louis Duséjou viendra par ici dans le courant de la journée. J'avais dessein de la partager avec lui, de nous divertir ensemble, et je commence presque à présumer que j'en serai pour mes frais.

— Allons! mon cher, il ne faut pas se rebuter pour si peu : espérance, au contraire; car, après tout, si ce n'est pas pour aujourd'hui, tu seras peut-être plus heureux dimanche prochain. Adieu donc, et beaucoup de plaisir.

Depuis une heure, il tombait du givre à faire trembler le bronze d'Henri IV; mon autre statue n'avait pas bronché : cette constance, cette fidélité au poste, valait bien, j'espère, toutes les victoires d'Arcques et d'Ivry. Voyez-vous cet imperturbable sang-froid attendant de pied ferme, par une température de onze à quinze degrés, depuis huit heures du matin jusqu'à douze, et depuis onze.... Dieu sait jusqu'à quelle heure! dans un rayon de vingt pieds carrés, au bout d'une capitale d'un million d'habitants, attendant qui? un camarade que l'on a besoin de voir; pourquoi? pour se distraire, et — ce qui est bien le plus curieux à remarquer — un camarade avec lequel on n'a pas plus parlé de rendez-vous que du grand-Turc !

Avouez que cela est joli, et que feu Jocrisse et Lapalisse ont trouvé leur maître.

P. S. J'apprends à l'instant — et cette nouvelle est sérieuse comme le reste — que mon héros se livre à des dépenses folles, se ruine en magnifiques emplettes, parce qu'il fait ses préparatifs de noces; figurez-vous bien qu'il

ttend, il attend! une ravissante moitié qu'on
dû lui expédier d'une de nos colonies d'A-
rique ou d'Amérique; il ne sait plus au juste
le laquelle.... La mappemonde, au surplus,
'est pas son côté fort; je lui ai demandé l'au-
re jour s'il connaissait la géographie, il m'a
lit que dans ses voyages il en était allé fort
rès, mais que cependant il n'avait pas visité
fond ce pays.

La garde que l'on montait tout à l'heure sur
e Pont-Neuf avec une logique plus tenace que
pirituelle, pourrait presque se monter, avec
pparence de raison, au centre du Palais-
Royal. Posté là, on voit venir amis et enne-
nis de toutes les parties du monde. Sur vingt-
quatre heures passées par l'étranger dans votre
apitale, trois ou quatre — et je suis modeste
— s'écoulent bien au travers de mes galeries.
Jn provincial s'estimerait le plus provincial
les provinciaux s'il n'entendait pas le coup de
anon de midi, s'il ne se faisait pas marcher
ur ses cors par l'homme à la longue barbe,
léchirer le tympan par la prétendue mu-
ique du café des Aveugles, et empoisonner

par Richard pour la modique somme de qua[rante] sous. Un Chinois se croirait déshonor[é] s'il n'emportait à Pékin des boucles d'oreille[s] en similor, en strass ou en chrysocale; une d[e] ses dents arrachée, tout exprès, par Desira[bode], et qui sait? un jour peut-être les *Mé[moires] de Chodruc-Duclos.* — Je vous prie de n[e] pas me confondre avec mon voisinage. — Il es[t] donc rare, lorsqu'on fait sa résidence perpé[tuelle] du Palais-Royal, de laisser échapper c[e] qui peut advenir de nouveau dans Paris; e[t] si j'ai fixé mon séjour là plutôt que partou[t] ailleurs — car j'étais bien le maître de mo[n] choix —, c'est que je tenais à tout voir et [à] être vu de tous. De là vient qu'à chaque fi[n] d'automne le hasard me remet face à face ave[c] nombre de mes compatriotes : quantité d[e] négociants bordelais qui accourent peuple[r] pour l'hiver les caves et les entrepôts de l[a] capitale. Aussi vers cette époque de l'année, l[a] hausse de fonds se fait-elle sentir un peu plu[s] forte dans mon gousset — quand mo[n] gousset n'est pas troué. — J'avais invité der[nièrement] mon ami Debucq à fêter avec mo[i] une de ces aubaines, lorsque l'exaltation des douces fumées lui tira des lèvres une confidence qu'avait arrêtée jusqu'alors la prudente appréhension de me pousser à un trop violent paroxisme de colère. Il errait déjà par l'imagination dans je ne sais plus quel paradis — celui de Mahomet, je pense; car bien qu'on en dise, il me paraît encore préférable à tous : une houri est autrement agaçante qu'une sainte — mon camarade avait gagné un petit nuage dans le cerveau, mais toutefois il se trouvait encore à travers ce nuage du clair et du lucide, car me posant sa main sur le bras :

— Duclos mon ami?

— Debucq mon ami?

— La vie est rude, n'est-ce pas?

— Oui, quand le gosier est sec et l'estomac vide.

— Ça s'est vu quelquefois.

— Ça se voit tous les jours.

— C'est une chose triste et drôlement stupide pourtant qu'un être, soi-disant fait à l'image de Dieu, soit forcé de manger.

— Une chose plus triste et plus stupide encore, c'est quand cet être, fait à l'image de Dieu, se voit forcé de ne pas manger.

— Et dire qu'il y a des chenapans qui ne trouvent pas ça de leur goût!

— Moi le premier.

— Tu ne me comprends pas : des chenapans qui trouvent que cela n'est pas, comme dit l'autre, *secundùm ordinem*, selon l'ordre des choses.

— Eh bien! je suis de cet avis.

— Comment! c'est une mauvaiseté que de vivre en ne vivant pas?

— C'est un malheur!

— Mais pas un crime?

— Certes!

— Tu vois donc bien!

— Il fallait t'expliquer.

— Dire qu'il y a des bavards qui s'en vont jasant qu'on n'est pas un ministre parce qu'on n'a pas un paletot doublé de velours!

— Ils ont raison.

— Est-ce que tu es fou?

— Tu veux dire, peut-être, qu'il y a des

gens qui s'imaginent qu'on n'est pas homme d'honneur, parce qu'on n'est pas bien drapé, bien fourré ?

— Justement.

— Ah! mais entendons-nous, mon gaillard, homme d'honneur et ministre ce n'est pas la même chose.

— Cela vaut donc tant la peine de me reprendre ?

— Pas beaucoup : c'est mettre du blanc pour du noir, c'est donner un rien du tout pour un as, c'est jeter du trèfle contre du cœur, c'est offrir un valet pour un roi.

— Bien répondu. Pour en revenir, tu es de mon opinion, en ce que le moine ferait plutôt l'habit que l'habit ne ferait le moine ?

— A coup sûr.

— Et tu crois que ceux qui prétendent autre chose sont des bavards ?

— Non, je crois que ce sont des imbéciles.

— Alors, mon cher, je connais deux imbéciles de plus dans le monde.

— Qui donc ?

— Tu les connais aussi.

— Ah!

— Devine.

— L'un des deux n'est pas toi, j'espère bien : je t'aurais déjà tiré ma révérence. L'autre, ce n'est certes pas moi; toute ma vie plaide la cause opposée.

— Non, non, parbleu! que vas-tu chercher?

— Dame! nomme les masques.

— Je t'avertis, ce sont de vilains masques.

— Cela m'est égal.

— Tiens, Duclos, j'y réfléchis à présent, mieux vaut que je ne te les nomme pas.

— J'en suis fâché, mais c'est trop tard.

— Restons-en là, veux-tu?

— Quand je te dis que non!

— Pourquoi cela?

— Pourquoi cela, toi? Pourquoi ce mystère?

— Parce que tu te fâcheras.

— A propos de quoi?

— A propos de ces principes.

— Est-ce qu'on n'est pas libre de penser ce qu'on veut?

— Est-on libre de dire ce qu'on pense?

— Toujours.

— Toujours?

— Toujours.

— Je te prends au mot.

— Comme il te plaira.

— Alors tu me promets bien de ne pas te monter?

— Je ne promets rien du tout.

— Tu ne sauras rien.

— Je saurai, je veux savoir.

— Quel obstiné, mon Dieu!

— Le plus obstiné, c'est toi.

— Moi, j'ai mes raisons, je crains de te mettre en impatience.

— C'est vrai, que tu n'en prends guère le chemin.

— Je te connais, tu es comme une soupe au lait.

— Et puis après?

— Et puis après tu te fâches, tu te fâcheras.

— Sera-ce la première fois?

— C'est bien pour cela.

— Que t'importe d'ailleurs?

— Il m'importe beaucoup.

— Ce serait donc contre toi?

— Dieu merci, non.

— Contre de braves garçons?

— Contre des chétifs.

— En route alors, et file ton nœud.

— Tu le vois bien, c'est toi qui l'auras voulu?

— C'est moi qui l'aurai voulu.

— Je m'en lave les mains.

— Comme feu Ponce Pilate.

— Je ne serai pour rien dans mon trop de franchise?

— Je prends tout sur moi.

— S'il y a imprudence, étourderie...

— J'en porterai le péché au confessionnal —si jamais je vais au confessionnal.—Allons, toi, fais ta confession et plus lestement.

— Quel ton!

—Parle, ou je dis que tu mens!

—Vois-tu, vois-tu, comme j'étais bien sûr?

— Parle, ou je dis que tu caponnes!

—Ecoute, mon ami Chodruc.

—Chodruc n'écoute plus rien, que l'aveu qui lui est dû; Chodruc n'est plus l'ami de personne du moment où on lui refuse ce qu'il

a le droit d'exiger. Chodruc n'aime pas les
gens qui n'osent pas parler; Chodruc n'aime
pas les cachotiers, les sournois. Je devine, pardieu ! bien ce que c'est. Des figures à giffles auront fait la grimace là ou là, en me voyant
passer, en jacassant sur mon compte, quand
elles auraient mieux fait d'aller becqueter la
frimousse barbouillée de leurs moutards, ou
d'aller prendre une assurance contre la grêle
que Chodruc fait pleuvoir sur les terrains secs
et revêches. Et voilà qu'un Debucq, un camarade, refuse de mettre Chodruc face à face
avec ces minois de Cosaques; et il n'y a pas de
quoi faire prendre les armes au pape, enra-
ger les anges et faire danser le diable en plein
bénitier? Moi qui ne suis ni un pape, ni un
ange, ni un diable, je crie de toutes mes
forces qu'on est ami ou on ne l'est pas, on est
un Duclos ou on est un Peyronnet; on est un
quelqu'un qui lève la tête et parle, ou on est
un vaurien qui baisse le nez et se tient coi; on
y va par la courbe, en bossu, en tortu, en
araignée, en sangsue, en ver de terre, en as-
pic, ou on n'y va pas par quatre chemins; on

met cartes sur table et on joue franc jeu et bon argent, ou l'on triche, l'on escamote, l'on fait sauter le roi; on est un Duclos, te dis-je, ou l'on est un Peyronnet; oui, un Peyronnet! Et si cette épithète, ce dernier mot, ce nom vous blesse, vous vexe, vous salit, vous insulte, monsieur Debucq, vous savez que je suis prêt à vous en donner toute explication possible. Ce sera du gentil, je vous en réponds. Moi, je suis de l'avis du bon Dieu : celui qui n'est pas pour moi est contre; celui qui n'est pas pour la vérité est contre; celui qui n'est pas pour le courage de tout dire est contre. Ainsi donc point de milieu; on ouvre le bec, ou c'est qu'on poltronne comme trois pierrots; on ouvre le museau, ou c'est que l'on ment comme deux chiens; on ouvre la bouche, ou c'est qu'on agit comme un traître. Il y a quelqu'un sur terre auquel il ne faut jamais laisser de dette arriérée, jamais rien redevoir; il y a un créancier auquel il faut en toute saison ouvrir sa porte et son cœur, c'est un ami. Et puisqu'on lui refuse le cœur, l'ami va s'ouvrir la porte tout seul.

Disant cela, je pris ma volée.

CHAPITRE XXVI.

DEUX AMIS.

L'ami Debucq m'avait envisagé durant tout le cours de ma harangue avec le flegme d'une vieille moustache qui attend qu'une bordée passe avant de changer de position; il s'élança vers moi et me saisit par un des festons de ma redingote; puis, d'un ton d'autorité qui me plut, il m'arrêta sur place:

—Tu resteras.

— A quoi bon?

—Tu resteras. Je t'ai fait le plaisir de t'écouter, tu me feras le plaisir de m'entendre. Je ne veux pas que des sacripants aient à se flatter de nous avoir causé à l'un ou à l'autre l'ombre d'un regret ou d'un remords, et il est bien sûr que nous en aurions tous deux. Tu as beau composer ta mine de malcontent, ton air de monsieur Rabat-joie, on sait ce qu'il y a de pure et tendre sève sous cette rude écorce, tout ce qu'il y a de bon comme du bon pain sous ce chêne sauvage, qui a bien été le privilégié de l'orage, mais qui n'en a pas moins toujours conservé sous ses bras un abri pour les faibles, et dans son sein un refuge pour les aimés.

Je lui tendis la main, il me la serra; ses doigts brûlaient.

— Vois-tu, Duclos, continua-t-il, notre amitié, à nous, n'est pas de celles qui se glacent contre une froideur incalculée, qui se brisent à un mot lancé sans réflexion. L'envie ne pouvait point nous séparer : par un malheur qui est un bonheur, l'un n'a rien à envier à l'autre. La morgue! ce n'est pas la peine de se donner de croc-en-jambe; mais nous ne sommes assez bêtes ni pour ne pas avoir le sentiment de ce que nous valons, ni pour en faire étalage et parade. La fatigue et le dégoût ne pouvaient pas tuer notre intimité, car nous avons deux âmes chevillées un peu solidement; et notre amitié isolée, fervente, étroite — égoïste, si cela leur plaît — nous fait plus qu'heureux, elle nous console. Enfin le mépris peut cent fois moins que le reste encore jeter une ligne de distance entre toi et moi : tu es digne de ce qu'il y a de plus méritoire au monde; et si je n'étais pas digne de toi, nous ne sommes pas des connaissances d'hier, il y a longtemps déjà que tu ne te serais pas gêné pour me brûler la politesse.

Ma conclusion, c'est que vous êtes, monsieur, un père bourru dont la tête — masse de plomb — emporte le cœur — lingot d'or — qui se repent, mais qui pèche, qui est toujours délicieux et juste pour ses amis, mais injuste quelquefois. Arrangez cela comme vous voudrez, cela est ainsi. Donc vous avez été mauvaise, madame la soupe au lait, parce que vous avez pris feu trop vite, voilà tout. Que diable! on n'est pas des Turcs, et l'on peut bien s'accorder, je pense, la minute de grâce. Nous ne sommes pas frères, nous autres, parce que nous nous appelons Duclos le superbe et le comte de Peyronnet; nous ne sommes pas frères parce que nous nous sommes rencontrés dans un salon, entre un piano et un quadrille, entre une table de bouillotte et un guéridon à thé; nous ne sommes pas frères parce que nous nous sommes fait habiller chez le même tailleur et que nous avons fréquenté mêmes haras, mêmes boudoirs; nous ne sommes pas frères parce que nous avons bu et chanté, ri et fait la noce aux mêmes orgies, parce que nous nous sommes passé les mêmes jupes d'organdi, parce que nous nous sommes jeté les mêmes flacons de Bordeaux; nous ne sommes pas frères, nous autres, parce qu'on se mettait sur notre passage, et que, tout ébloui, tout émerveillé, tout respectueux, on s'en allait disant, toujours et partout : « Voici les deux bretteurs, les deux écervelés, les deux muscadins. » Nous ne sommes pas frères, nous autres, parce que nous avons combattu pour notre pays, l'un avec sa toge et

sa langue, l'autre avec un habit de soldat et
son épée; parce que nous sommes venus tous
les deux à Paris, l'un par des routes détour-
nées et souillées par le sang du crime flétri,
l'autre par des sentiers droits et ennoblis de
son propre sang; nous ne sommes pas frères,
nous autres, parce que nous nous sommes
présentés sur le sommet des honneurs, l'un
en passant, les reins ployés, par les bas-fonds
d'une ruelle; l'autre en se présentant tout de
go, tête droite, la main gauche sur ses pistolets et son fleuret de Bordeaux, la main
droite sur son sabre de Lyon et son fusil de la
Vendée; nous ne sommes pas frères, nous
autres, parce que la patrie nous a servi de
caissière commune, à l'un pour y verser jusqu'à
sa dernière obole, à l'autre pour y prendre jusqu'à son dernier château; nous ne sommes
pas frères parce que tous les deux nous avons
eu notre récompense d'un jour, l'un en se
faisant asseoir sur les pieds d'un trône, l'autre
en retombant sur les pavés de la rue; nous ne
sommes pas frères parce que tous les deux
nous avons eu à la fin notre justice, l'un par

la vengeance du pays, l'autre par la vénération du peuple.

Nous sommes frères, nous autres, parce que nous nous appelons Chodruc et Debucq tout court; nous sommes frères parce que nous nous sommes trouvés sur une place publique — celle de ton palais qui est devenu le mien — entre une vielle et une danse de singes, entre un jeu de macarons et une orangère; nous sommes frères parce que tu m'as recueilli un soir pour que je ne fusse pas *ramassé*. Nous sommes frères parce que ce soir-là nous avions faim tous les deux; mais, moi, la faim m'avait renversé; toi, tu étais encore debout et tu as tendu vers moi plus de la moitié de ton pain pour me rendre à la vie, ton bras pour me redresser; nous sommes frères parce que, depuis ce jour, tous les deux ont mangé quand l'un de nous a mangé; nous sommes frères enfin, parce que, depuis cette heure qui ne s'oubliera pas, nous avons fait d'une livre de pain deux demi-livres, d'un litre de vin deux chopines, d'une pomme deux quartiers, de deux croyances une seule, de deux pensées une seule, de deux désespoirs un seul, de deux soulagements un seul, de deux sourires un sourire, de mille larmes une larme, et de deux cœurs un cœur. Lorsque nous nous échappons des vacarmes humains, la nuit, après que nos travaux du jour ont eu le temps d'être reposés, lorsque tout Paris dort et qu'il nous prend fantaisie de nous en aller, le bras passé au bras, rêver jusqu'au matin sur la berge d'un quai, ou épier un pont pour voir s'il n'en tombe point quelque trop lourd fardeau d'existence qu'il nous soit donné de relever, — bien souvent alors nous échangeons cette parole :

— Je t'attends.
— Je t'attends.
— Quand ?
— Quand le sort voudra.
— Ce jour-là, certainement, je serai achevé, moi aussi.
— Et moi, je sais bien que, le jour où l'on s'entretiendra de ta mort, je disparaîtrai comme toi.

A cause de tout cela, frère, tu vois si nous

nous touchons de près; à cause de tout cela, l'un de nous ne doit jamais chagriner l'autre, parce que tout ce qui effleure l'un rebondit sur l'autre : une chiquenaude au premier venu d'entre nous est un coup de poing sur le nez de son frère. Et voilà pourquoi il ne sera pas dit que d'effrontés mirliflors aient eu l'honneur de jeter du vitriol sur nos poignées de main; voilà pourquoi, lorsque je les ai vus se pincer les lèvres en parlant de toi, de toi, mon camarade, de toi, le meilleur des meilleurs; quand j'ai entendu aboyer ces caniches qui, grimpés sur l'échelle de leur idiotisme fanfaron, n'arrivaient pas encore à la tige de tes bottes — quand nous avons des bottes — et ne seraient même pas dignes de recevoir un renfoncement de tes jarrets si bien plantés; oh! ma foi, j'ai eu la démangeaison, un instant, de prendre mes deux amours de pékins par la peau du ventre et de leur envoyer faire faire leurs airs de conquérants, non pas, comme tu fis à tes gardes royaux, par-dessus la grille de la galerie Beaujolais; mais dessus, au beau milieu de la pointe, absolument comme Napoléon sur la colonne Vendôme.

— Et tu ne l'as pas fait?...

— Parce que je leur ai dit qu'ils étaient des malotrus, des cuistres, et qu'il leur était défendu, dorénavant, de repasser par ton palais, sinon qu'ils auraient à en sortir par un chemin qui n'avait pas de porte. Je leur ai demandé combien il leur fallait pour avoir fait les chiens de bergères, pour avoir déchiré un absent et mordu de loin. Puis, leur ayant fait ramasser et emporter ce petit paquet dans leurs poches, je les ai balayés devant moi. Ils avaient bien fini par commencer à s'enquérir pourquoi je venais me mêler de leur conversation; mais il paraît que ma réponse ne les intéressait qu'à moitié, ou qu'ils l'avaient trouvée déjà toute faite; car, sans daigner l'attendre, sans tambour, sans trompette, ils déguerpirent, baissant le nez si bas, qu'une simple tape sur leur chapeau leur eût fait toucher terre, et du coup devenir camus. Aussi je te certifie que désormais ils nous flaireront, et resteront en arrêt, à la distance de trente croquignoles.

—Mais enfin, mais enfin, que prétendaient ces gueux?

— Voilà ce que c'est : hier, pas d'ouvrage à l'imprimerie, les camarades faisaient le lundi. Un grand et prodigue soleil nous jetait l'or à pleines mains, c'est ma fortune à moi, c'est ta richesse à toi, frère; j'en voulus ma part, et je crus ne pouvoir faire mieux qu'en l'allant emprunter chez toi, dans ton jardin. Il faut dire aussi que j'espérais bien un peu te dire un bonjour amical avec la tête; je ne t'avais pas vu la veille, dimanche, et j'étais inquiet. — Pauvre garçon, tu étais allé à la Charité voir éteindre une belle lumière; ce lieu t'est fatal, ami, ne va plus par là; deux rendez-vous déjà qui t'y ont été donnés; deux rendez-vous où l'on est mort; deux cœurs chauds et larges qui se sont brisés à force de battre trop vite; deux repoussés de la terre; deux élus du ciel; deux poètes : Hégésippe et Eugénie. — Je t'en voulais d'abord d'un jour qui s'était écoulé sans que mes yeux m'eussent rassuré sur la plénitude de ton bien-être. Mais lorsque je me suis souvenu de ce jeune étudiant que nous avions rencontré, l'autre nuit, sur le quai Voltaire et qui t'avait dit : « Monsieur Duclos, j'allais demain matin chez vous parce qu'on vous désire bien là-bas; » oh! alors, j'ai compris ton absence, j'ai suivi ton âme à la trace de la générosité.

— O Lamartine!

— Je t'ai vu inclinant sur ce chevet aux prises avec l'agonie un de tes regards si puissants, un de ces éclairs qui sont un orage ou un réveil de fête.

— O Lamartine!

— Je t'ai vu ranimant cette magnifique intelligence glacée par les derniers frissons; je t'ai vu attendri, éperdu, déroulant autour d'elle la chaude enveloppe de l'affection.

— O Lamartine!

— Je t'ai vu secouant sur cette pauvre aile de cygne renversée la douce brise du courage; trésor saint dont ton cœur est un si riche tabernacle!

— O Lamartine!

— Et je pensais à toi, à lui, à tout cela, et je t'admirais comme toujours; et je te bénissais comme te bénissent aujourd'hui les deux enfants qui sont là-haut.... lorsque — par un foudroyant contraste — deux maudits, deux damnés osèrent, passant à mes côtés, vomir le blasphème contre toi.

— L'as-tu rencontré depuis son abrutissement? faisaient-ils.

— Non, j'en serais pourtant assez curieux.

— Moi, je l'ai aperçu; mais j'ai pris aussitôt une direction opposée, parce qu'il aurait été capable de me tendre la main.

— Comme mendiant?

— Comme ancien ami.

— Quel sans-gêne! Et tu crois véritablement qu'il aurait poussé l'effronterie aussi loin?

— Il a jeté le bonnet sur les toits.

— Le misérable!

— Quelle plaie pour la société!

— Mais que font sur terre de pareilles gens?

— La honte de l'espèce humaine.

— Il est donc bien enfoncé dans la boue?

— Jusqu'aux deux oreilles. »

Depuis un instant j'étais en nage, la poitrine haletante, l'œil effaré, les doigts crispés, tous les membres en révolution.

— Assez, assez, Debucq! et plus qu'un mot, un nom.... ou plutôt deux noms, ceux des insolents; puis je me charge du reste.

— Moi, je te défends de fustiger qui que ce soit sans m'avoir fait fournir les verges.

— Leurs noms! leurs noms, te dis-je!

— Ils ont été glissés dans le cours du dialogue, je puis te les décliner. L'un s'appelle Tellim.

— Sale et noire décrépitude, taille de nain, face type de l'esclave et de l'âne?

— Signalement certifié conforme.

— Et l'autre?

— Truchet.

— Taille de grenadier, quelque chose de l'éhontement et de la cafarderie, mine de chat-huant?...

— Et de chat-tigre.

— C'est bien cela!

— Deux pendants qui renieraient le bon

Dieu comme l'apôtre Pierre, mais qui ne pourraient jamais se renier l'un l'autre.

— Tu connais le premier?

— Je l'ai reconnu au portrait que tu m'en as fait quelquefois; seulement tu l'avais flatté.

— Tu sais sa généalogie, sa noble origine?

— Je te l'ai entendu raconter.

— Qu'en penses-tu?

— Que *c'est mourir deux fois de sentir ses ruades*.

— Mais le second, tu ne te le remets pas?

— Non : pas lui, par exemple.

— Je t'ai pourtant signalé, dans nos solitaires et nocturnes confidences, une phase historique, la plus marquante de sa vie.

— Oh! rappelle-la-moi.

— A une meilleure occasion, pour le moment j'ai bien à m'occuper d'autre chose.

— Suis donc tes caprices, mauvaise tête.

— J'aime mieux être une mauvaise tête qu'une âme gangrenée, comme j'aime mieux avoir un trou dans ma redingote qu'un écu de cinq francs ou un morceau de fange à la place du cœur. Et voilà les impudents

qui viennent se frotter dédaigneusement à
Chodruc-Duclos! Eh bien! au fait, je suis content! j'avais toujours aspiré à me retrouver
face à face avec eux; l'un parce que ses allures
de vile forfanterie m'avaient toujours déplu;
l'autre parce que je l'avais saisi une fois en
flagrant délit de turpitude et qu'il n'en a jamais été payé comme il méritait de l'être : je
suis, pardieu! plus qu'un millionnaire, je
suis le plus heureux des hommes à présent
que j'ai une bonne circonstance pour régler
amplement mes comptes du passé. Je suis
plus qu'un ministre, plus qu'un ambassadeur,
plus qu'un roi de France; je suis Chodruc-
Duclos, le ministre de ses propres décrets, car
j'exécuterai ma vengeance; je suis Chodruc-
Duclos, l'ambassadeur des honnêtes gens, car
je ferai en leur nom justice d'un infâme; je
suis Chodruc-Duclos, le monarque absolu de
tous lieux, car je suis l'homme de la rue,
l'homme de la place publique, l'homme du
grand air, l'homme de l'indépendance; moi,
j'ai l'espace jusqu'à six pieds, l'aigle à l'espace
d'au-dessus. Je ne reconnais de maître nulle

part : seulement, lorsqu'en travers de sa route le souverain du Palais-Royal trouve à courber une rébellion, à frapper un crime de lèse-majesté, à flétrir un attentat contre la virginité de son nom, alors il courbe, il frappe, il flétrit du haut de son intégrité, du haut de son honneur. En attendant, merci, ami Debucq, merci, et ta main dans cette main. A dater d'aujourd'hui je fais le guet : puisqu'ils sont dans ma capitale, il faut me croire, je les tiens. Je redouble mes factions, je me pose en alerte, et mon œil vise loin.

— Je te conseille de ne pas établir ton quartier-général dans ton palais, je ne pense pas qu'il leur prenne fantaisie de s'y faire repincer.

— J'établirai mon poste central... partout.

— A présent que tes plans de campagne sont levés, si nous levions également la séance?

— Les débats sont clos.

— C'est convenu, mais il est bien arrêté encore que, si tu dépistes le gibier, nous nous le partageons.

— Pas si vite, pas si vite.

— Les deux pièces pour toi? quel glouton!

— A moi la première bouchée, à toi la seconde... s'il en reste.

— Allons, cela ne promet pas mal.

CHAPITRE XXVII.

DEUX SILHOUETTES.

Je me précipitai aussitôt à la poursuite de mes coquins, et rien ne fut négligé pour arriver à une satisfaction. Moi si peu matinal, je fus dehors de bonne heure, et je me couchai tard. Je sillonnais Paris dans tous les sens; j'interrogeais tous les seuils, je lançais dans toutes les vitres la flèche de mon regard et je ne parvenais à rien atteindre. Ce vide m'engouffrait, ce néant m'étouffait, je me tordais dans mon impatience.

— Puisqu'ils n'étaient nulle part, où donc pouvaient-ils être?

J'opposais à mes vaines recherches cette logique si bizarrement concluante; et je n'en étais pas moins brisé, bien plus encore par le dépit que par la fatigue! Je suis assez habitué aux longues courses, et celles-là d'ailleurs me semblaient un roulis de berceau parmi des régions toutes parfumées, tant je me laissais caresser mollement par mes espérances.

Et j'en revenais toujours à me demander où ils se tenaient cachés.

— S'ils avaient été avertis!... — Je suis fou: par qui l'auraient-ils été? Nul ne sait mes projets; Debucq seul... Debucq ne m'aurait pas trahi au moins?... Non, non, ce serait abominable et lâche : Debucq est un garçon de loyauté, Debucq est un garçon de cœur, Debucq est Duclos cadet.

« S'ils étaient malades, alités! — Mais ils ne le seraient pas tous deux en même temps, et le croque-mort, j'espère bien, ne me jouerait pas le vilain tour de me les voler.

» Si je n'allais en rencontrer qu'un?...

Faute de mieux, il faudrait bien pourtant se contenter... en attendant.

» S'ils n'étaient plus à Paris? S'ils avaient pris la voiture ensemble? S'ils s'amusaient à courir la province, tandis que je m'épuise à leur piste ? Grand Dieu! moi qui n'avais pas songé à cela plus tôt !... Mais ce serait d'un atroce désespoir, ce serait une malédiction du ciel, ce serait une moquerie des enfers, ce serait à se broyer le crâne contre une dalle !... Oh! je partirais, je partirais. — Ce Tellim, je saurais toujours où le rattraper dans Bordeaux, et je le forcerais bien à me dénicher l'autre oiseau, dont j'ignore le nid depuis qu'il s'est esquivé de Lyon... Je leur en veux trop à tous les deux; au premier à cause de moi, au second à cause de moi. Je me résignerai à une absence de quinze jours, s'il le faut; mais ce qu'il y a de bien constant, c'est que je n'aurai pas fait des pas de clerc. »

Et je cheminais encore et sans cesse, les dents claquantes et mes doigts s'entre-choquant derrière mon dos.

Mon dernier pèlerinage arpentait les boulevards : je me trouvais à la hauteur de la rue Marivaux, la nuit tombait et ne permettait de distinguer que d'une manière confuse. Pourtant je crus entrevoir à la distance de l'angle de la Chaussée-d'Antin deux formes inégales, mais qui ne me semblaient pas inconnues. Il est vrai que je connais bien du monde. Cependant ma poitrine se dilate et palpite un peu plus fort que dans son état normal, je me sens tout à coup illuminé par un sourire inexplicable; j'avance, j'avance un peu, et dans la glace d'une devanture de boutique je regarde l'expression de ma physionomie : elle m'épouvanta moi-même : c'était de la joie et de la colère, c'était de l'émotion, de la frénésie.

— Je suis sûr, fis-je à haute voix, qu'il y aura du nouveau ce soir.

Puis je retournai la tête et m'empressai de fouiller autour de moi s'il ne rôdait point quelque allure suspecte : j'étais presque seul, et je m'en félicitai, car la phrase qui venait de m'échapper avait cent fois été grommelée auprès de moi par quelques-uns de ces rusés personnages dont l'auguste mission est d'approvisionner Doullens ou St-Michel, dès que le fort ou la citadelle ont l'insigne malheur de se dépeupler.

Je suis arrivé à comprendre, peut-être, l'espionnage du fait et du dessein ; mais je n'ai jamais compris l'espionnage de l'opinion intime : le guet politique par la corruption, par la tentation, oh ! je ne sache rien au monde qui soit plus hideux et plus indigne d'une nation policée.

Quoi qu'il en soit, je me mordis les lèvres de mon étourderie, et je m'estimai fort heureux de n'avoir pas eu affaire, au lieu de mes champions, à ceux de la rue de Jérusalem. Ces messieurs ont beaucoup de peine à s'imaginer que les organisations nerveuses aient dans la sensibilité de leurs nerfs un thermomètre complet.

Je n'en avais pas moins prévu qu'une bourrasque se préparait : je hâtai le pas et me retirai sous un porche, afin de ne pas alarmer à l'avance les deux têtes sur lesquelles devait s'abattre la tourmente. Quand je fus bien sûr de n'être plus en vue, je sortis de ma cachette, et, comme je n'étais que d'une portée de pistolet éloigné des ennemis, je pus alors reconnaître avec certitude que c'étaient bien en effet les ennemis, les convoités. Je les laissai pénétrer dans un amas de personnes fort nombreux qui se pressait devant le café de Paris, et nul lieu ne me semblant plus favorable à une action dans laquelle je cherchais l'éclat et la publicité, je le choisis pour mon champ de bataille, et je partis comme un dard.

Le boulevard était traversé, nous n'étions plus qu'à cinq pas les uns des autres; je fends la foule, je me place entre mes deux individus, et laissant tomber un poignet de fer sur l'épaule de chacun :

— Vous êtes deux grands lâches! leur criai-je à pleins poumons.

CHAPITRE XXVIII.

PROVOCATION.

Nous nous trouvions droit au milieu des groupes, et le gaz venait de s'allumer.

Tous m'avaient reconnu, tous étaient dans la stupéfaction, car on est habitué à mon calme si invariablement inoffensif; et, sur les premiers *oh! oh!* qu'excite toujours une agression publique, je m'entendis rendre cette justice par un organe que je crus reconnaître; mais mon agitation ne me permit pas de m'arrêter :

— Laissez-le faire! s'il insulte, c'est qu'il aura été insulté.

— Oui, messieurs, repris-je avec énergie, oui, messieurs, ces deux hommes sont des lâches! Ils m'ont jeté l'outrage par derrière; ils m'ont traité d'insensé, d'impudent, d'abruti, de créature perdue, tarée, avilie. Si je m'en vais traînant la vie d'un paria, messieurs, je n'accorde à personne le droit de lapider, honnir, souiller le paria. Si je me suis fait ma sphère exceptionnelle, messieurs, je n'ai autorisé personne à s'y arroger une parcelle de domination. Je me suis détaché de tous, afin que tous se détachassent de moi. Je n'admets ni juge ni censeur. Les anathèmes, je ne m'en inquiète pas; les accusations, je les interdis; les diffamations, je les méprise; les insolences, je les châtie. Arrière donc les imprudents qui outragent pour outrager! Si je suis misérable par mes vêtements, qui osera dire que je le sois par mon âme? Vous ne trouverez que des guenilles sur mon corps, je vous défends de trouver une tache sur ma conscience. Et voilà deux infâmes qui ont murmuré tout bas, il y a quelques jours seulement, que Chodruc-Duclos était la honte de l'espèce humaine. Voulez-vous, messieurs, que Chodruc-Duclos vous dise aujourd'hui à haute voix quels sont ces deux êtres qui vous salissent de leur contact?

J'avais retiré ma main de leur épaule; et le grand, qui était le plus audacieux, cherchait à m'interrompre :

— Laissez-le parler! reprit le même organe que tout à l'heure, laissez-le parler; votre tour viendra s'il doit venir.

— Mais ceci est un guet-apens, ajouta le plus petit de mes adversaires.

— Non, messieurs, ceci n'est pas un guet-apens; ils sont deux, je suis un; ceci est un homme comme vous tous, un homme insulté qui se venge : seulement il ne vengera pas la calomnie par la calomnie. Vous voyez bien cette moitié d'homme, messieurs : eh bien! cette moitié d'homme se hausse sur ses jarrets, parce qu'elle est montée à l'opulence d'un seul bond; comment et par quel chemin? nul ne le sait. Cette moitié d'homme s'est faite orgueilleuse, dédaigneuse, intolérable de bassesses et de sordides vanités; or, savez-vous l'origine, savez-vous la naissance? le père enfin de cette créature presque humaine? Un valet, messieurs; oui, un valet! La mère de ce fruit clandestin a été une dévergondée, une femme adultère; son père devant le monde, un personnage honorable; son père devant Dieu... un palefrenier!

Le petit homme se retournait à droite et à gauche, implorant l'aide et la protection qu'il ne pouvait et n'osait se donner à lui-même; mais l'accent de vérité avec lequel je l'avais attaqué détournait de lui toutes les sympathies.

— Savez-vous maintenant, messieurs, ce que c'est que son digne acolyte? Celui-ci est un citoyen chassé de Lyon, parce qu'au siége de Lyon, sous la Terreur, il a déserté son camp, il a passé à l'ennemi, trahi son drapeau et vendu ses frères. Celui-ci s'appelle Truchet, il était caporal; il était chef d'un poste, et ce poste il l'a livré, il l'a fait massacrer... pour de l'argent, pour du cuivre!

Furieux de cette apostrophe imprévue et accablante, l'invectivé s'élançait sur moi qui l'attendais de pied ferme, lorsqu'un bras robuste le contenant :

— Halte-là, monsieur l'ex-caporal, dit la voix rude et toujours en alerte qui s'était deux fois déjà élevée dans la discussion; battez-vous à armes égales, s'il vous plaît, puisque vous avez une langue comme lui; et en attendant faites-moi le plaisir de ne pas bouger de votre poste : vous vous émancipez trop bien, il paraît, lorsque vous l'abandonnez, monsieur l'ex-caporal.

On a deviné l'interlocuteur : mon ami Debucq, au retour de son travail, s'était, comme tout le monde, mêlé au rassemblement, et vous devez juger s'il avait été heureux d'y prendre un rôle de quelque importance dès qu'il avait entrevu quels étaient les héros du drame!

— Pour moi, leur ajoutai-je, il ne me reste plus qu'une chose à vous dire : vous qui vous annonciez si désireux de me voir, prétendant que je devais être une curiosité, j'espère que vous êtes satisfait. Vous au contraire qui vous sauviez de moi, vous reconnaîtrez que, peut-être, vos entraînements n'étaient pas mal fondés. Mais vous qui avez eu peur que je vous tendisse la main, vous qui avez osé répliquer que, dans tous les cas, ce serait d'un singulier sans-gêne, je vous avertis que je n'avais rien à implorer, rien à mendier de vous, ni votre or, ni encore moins votre amitié; que si je tendais la main vers vous, ce ne serait que pour la lever et la laisser retomber sur votre visage; mais elle se salirait, et je tiens à la garder pure. Si vous tenez, vous, à montrer que le même sang que le mien, c'est-à-dire un sang rouge, gonfle vos veines, je consens à en faire sur vous ou sur moi, sur vous et sur moi, l'expérience quand il vous plaira. Seulement, si vous vous demandez de nouveau ce que des gens comme moi font sur la terre, vous pourrez vous répondre que des gens d'honneur comme moi restent sur terre pour punir les gens sans honneur comme vous. Je me nomme Émile Chodruc-Duclos, et je loge rue Pierre-Lescot, n° 22 : vous vous appelez Tellim et Truchet; mais vous, quelle écurie vous abrite? vous, quelle maison de Judas vous recèle ?

— Vous pensez bien, monsieur, reprit ce dernier, qu'après un pareil éclat, nous sommes faits pour nous revoir.

— Je vois que nous nous entendons à merveille.

— Vous comprendrez aussi, monsieur, que nous ne vous donnions pas en public notre adresse.

— Je ne le comprends pas trop; mais je m'y attendais, et cela m'est égal.

— Pourvu que vous la sachiez?...

— Il ne m'en faut pas davantage.

Et nous quittâmes les groupes dont un seul homme nous suivit après avoir serré ma main qui le cherchait, et m'avoir dit :

— Moi, je ne suis pas du public, j'espère ?

— Toi, je t'accorde la permission de tout voir, tout entendre, et ne rien toucher.

Il ne laissa pas moisir ses pouvoirs. J'accompagnai jusqu'au bout mes deux particuliers afin de me convaincre, par moi-même, qu'ils ne m'avaient point trompé sur le lieu de leur demeure. Debucq ne voulut pas se séparer de moi. Puis, mes sûretés prises au n°. 1 de la rue du Helder, où ils habitaient réellement, je parlai de passer la nuit dans les environs pour ne pas laisser échapper mes gaillards dans le cas d'évasion : Debucq déclara que je ne veillerais pas seul.

CHAPITRE XXIX.

LE MAITRE DE BATON.

Nous nous installâmes en face de mes champions, au premier étage du marchand de vin qui se trouve au numéro 2 de la rue du Helder, et nous montions alternativement notre garde, relevée d'heure en heure. Lors de ma dernière faction, je rédigeai un programme de combat qui fut approuvé par mon conseil Debucq, porté par mon aide-de-camp Debucq, lu et présenté par mon second Debucq. Le voici; non pas Debucq, mais le programme.

« Aujourd'hui, à huit heures du matin, je ferai aux sieurs Tellim et Truchet l'honneur de me mesurer avec eux. Je me battrai au bois de Boulogne, avenue de Maillot : contre le Truchet, je me battrai au fusil ; contre le Tellim, au bâton. Les premières insultes sont venues d'eux : j'ai le choix des armes, et n'en accepte point d'autres. J'ai dit. »

Debucq de retour ne voulut jamais consentir à me laisser faire ma dernière garde, il me contraignit à dormir les deux heures qui séparaient encore l'instant du rendez-vous, et se mit en sentinelle à ma place.

Je ronflais comme un Napoléon la veille d'un Austerlitz, quand un cri vigoureux et répété me secoue en sursaut.

— Aux armes ! aux armes !

Je me frotte les yeux, et suis debout.

— Aux armes ! Les ennemis sont là !

Debucq me réveillait en riant.

Nous descendons au galop, et nous trouvons en bas mes adversaires se dirigeant du côté de la Madeleine ; Debucq me quitte, et allant à eux :

— Vous vous chargez des fusils, leur dit-il. Moi, je me charge des autres armes.

Nous prîmes le trottoir opposé, puis nous pressâmes le pas. Au bout d'un certain temps, je me sens arrêté par ma redingote.

— Que veux-tu ?

— Que tu m'attendes à cette porte.

— Chez qui entres-tu ?

— Chez un de mes amis.

— Pour me procurer un second ?

— Ah çà ! qu'est-ce que je suis donc, moi ?

— D'ordinaire il en faut deux.

— Est-ce que je n'en vaux pas deux ? N'ai-je pas deux yeux, deux poignets, deux cœurs ?

— Que vas-tu chercher, alors ?

— Beaucoup mieux que cela : une minute, et je suis à toi.

Quelques instants après, en effet, je voyais reparaître mon ami Debucq au fond de l'allée encore sombre. Il tenait à la main quelque chose que je ne pus distinguer.

— Allons, rentre donc, me cria-t-il, et ne fais pas la petite bouche et n'étale pas tes scandales en public : tiens, voilà pour te seconder en route et sur le terrain, puisque tu n'as pas assez de moi, ingrat. Voyons, au commandement de trois: Prenez vos.... armes, présentez vos.... armes.

Et nous trinquions deux petits verres.

— Armes.... bras! En joue!... Feu!

C'était avalé.

— Deuxième mouvement de l'exercice.

Il sortit de sa poche un litre d'eau-de-vie dont il remplit nos verres, et une flûte de pain qu'il nous partagea :

— Déchirez vos.... cartouches!

— Oui, va toujours; tu fais tes coups en sournois, il n'en est pas moins vrai : « J'entre chez un ami, j'entre chez un ami, » et tu étais entré tout simplement dans un temple dédié à saint Cognac.

— Votre camarade ne vous avait pas trompé, dit à son tour une voix pointue qui glapissait vers nous; vous êtes chez un ami, et la preuve....

Je vis s'avancer un individu portant des triques plein les mains.

Ce bizarre témoignage de sympathie eut, sur le premier moment, quelque lieu de m'étonner. Je pris le nouvel arrivant pour le cerbère ou un locataire du bouge, auquel Debucq avait joué une farce; et, dans tous les cas, je prenais mon élan pour une riposte vigoureuse.

Je laissai approcher pourtant mon champion jusqu'à brûle-pourpoint. J'étais curieux de savoir si son intention était de pousser loin l'affaire, et assez surpris d'ailleurs qu'il en voulût précisément à moi.

— Choisissez, monsieur Duclos, me dit-il d'un ton familièrement câlin et en m'offrant son armée de cannes.

— Je choisis mon poing! repris-je d'un air farouche et dans une attitude menaçante.

Je ne sais trop où cela était près d'aboutir, lorsque Debucq, se jetant au-devant de moi :

— Eh! fou que tu es, tu ne vois donc pas?...

— Je vois que je ne vois rien du tout, et je n'aime pas les gens qui vous parlent avec de semblables figures de rhétorique.

— Mais, malheureux, ces figures de rhétorique sont pour toi.

— Pour moi?

— Monsieur est mon professeur de bâton.

— Il fallait donc le dire plus tôt; j'aurais été plus traitable.

— Oui, oui, trente fois oui, monsieur Duclos; notre ami que voilà, et mon meilleur élève, par parenthèse, est venu m'avertir, il y a un instant, que vous aviez envie de vous aller escrimer une petite heure à la barrière : je me suis estimé heureux d'aider à vous procurer cet innocent plaisir. Etes-vous fort, monsieur Duclos?

— Assez.

— Nous nous alignerons, si vous voulez bien.

— Vous avez donc beaucoup de temps à perdre?

— Pourquoi cela?

— Parce que ce serait chanter Femme sensible sur l'air de Polichinelle; vous voyez bien que vous êtes une mauviette, et que du bout de mon petit doigt je vous ferais tourner comme une toupie.

— Peut-être.

— Quel Alcide du nord!

— Quand j'ai un bâton dans les mains, je tiens ma partie tout comme un autre.

— Je vous crois : quand vous avez un bâton, et les autres rien.

— A armes égales.

— Je vous crois encore; je n'ai jamais manié un bâton de ma vie que pour jeter les chiens par la fenêtre.

» Au fleuret, oui, je suis fort : sur deux coups de pointe je touche trois bottes; au fusil, oui : placez-moi un chapeau à soixante-dix pas et je lui enlève sa cocarde; au pistolet, oui : jetez-moi une pièce de deux francs en l'air, et elle descendra pareille à un morceau de ma redingote; au poignet, oui : car, si vous n'étiez léger comme une plume, je vous enverrais d'un seul coup embrasser, au haut de sa colonne, le Petit-Caporal.

» Mais, à propos de caporal, et le grand qui nous attend là-bas, en compagnie de son marmouset? Y songeons-nous, Debucq?

— Oh! tu étais en si bon train! je n'ai pas voulu te déranger.

— Ces messieurs vont rejoindre de la société, dit l'homme aux bâtons.

— Des amis, des amis intimes, repris-je.

— Alors, monsieur Debucq, choisissez pour monsieur Duclos.

— Ceux qu'il te plaira, répliquai-je : les plus gros, va ; et dépêchons.

— Adieu, l'ami Debucq ; adieu, monsieur Duclos ; divertissez-vous bien.

Et monsieur le professeur Six-millions — je ris toujours en me rappelant ce nom, moins grotesque encore que le personnage — monsieur le bretteur Six-millions rentra pour échapper à nos remercîments, tant il était transporté de bonheur d'avoir quatre fois, dans la conversation, prononcé à pleine bouche : *Monsieur Duclos*.

CHAPITRE XXX.

UN PREMIER VENU.

Nous nous remîmes en route.

— Duclos, fais-moi un plaisir.

— Il est déjà fait s'il n'est qu'impossible.

— Bats-toi au fusil, laisse-moi l'affaire du bâton.

— Quant à cela, par exemple, c'est une chose deux fois impossible.

— Pourquoi donc, s'il te plaît?

— Parce qu'eux et moi, nous tenons trop à nous brosser respectivement.

— Mais tu n'as pas appris à manier le bâton.

— Ai-je appris les autres armes? Jamais. Je n'ai jamais voulu, s'il m'arrivait le malheur de tuer mon semblable, qu'il fût dit que j'eusse pris des leçons pour cela. Et je suis, sans me flatter, adroit et habile comme un autre, pour ne pas dire comme deux autres.

— Au moins, nous allons nous retirer par là et tu me laisseras t'enseigner deux ou trois coups fourrés.

— Bah! bah! nous n'avons pas le temps, marchons.

— Eh bien! cela m'est égal; mais si les gredins te font une égratignure grosse comme la tête d'une épingle, ils peuvent être sûrs que je leur en découpe une entaille grosse comme la tête d'un bœuf, ils s'arrangeront comme ils voudront.

— Debucq, je te le défends.

— Et moi je me l'ordonne.

— A propos, j'y pense encore (et un peu tard, puisque nous sommes presque arrivés au but), ces faquins sont capables d'exiger deux témoins pour chaque combattant!

— Sois tranquille, probablement ils auront recruté en route un écorcheur pour le cas de grave blessure; celui qui fait profession de décompléter les gens pourra bien servir à nous compléter, une fois par extraordinaire.

— A défaut de mieux, j'y consentirai; mais, plutôt que d'accepter une grâce, n'importe quoi de ces êtres-là, je préférerais me faire assister par tout autre, par le premier venu.

— Alors que veux-tu que je te dise, moi? Prends le premier venu, empare-toi du premier étranger qui passera devant nous, et prie-le d'être ton second.

— Ma foi, j'aime l'originalité, tu ne seras pas démenti : je te préviens que j'arrête ce voyageur qui arrive par là-bas, le sac sur le dos.

— Arrête.

— Tu ne veux pas?

— Qui te le dit?

— Arrête, me réponds-tu.

— Eh bien, oui, arrête-le.

— A la bonne heure, nous y sommes.
—Monsieur le voyageur! monsieur le voyageur!... je vous prie de m'excuser, monsieur,

si je vous dérange de votre chemin; mais j'aurais un service à vous demander :

— A moi?

— A vous.

— Parlez.

— Nous ne nous connaissons guère, ou plutôt nous ne nous connaissons pas du tout; c'est, à coup sûr, la première fois que nous nous trouvons ensemble, je suis persuadé que néanmoins vous ne me refuserez pas : c'est une de ces obligeances qu'on peut se rendre à première vue, entre concitoyens, même entre Européens : or, je me plais à croire que vous êtes Européen?

— Je suis cosmopolite.

— Encore mieux; alors ce sera en qualité d'homme, de citoyen du monde : — il y a de jolies promenades dans votre pays.

— Je vous attends.

— C'est moi qui vous attends au contraire; car si vous voulez bien vous donner la peine de détourner votre marche de quelques pas, nous trouverons deux messieurs avec lesquels j'ai une petite discussion à vider; et comme je n'ai qu'un témoin, qu'il m'en faut deux, j'ai pensé à vous.

— Je vous remercie de la préférence et je suis à vos ordres.

Il ne nous en examinait pas moins d'un air d'étonnement et de défiance, moi avec ma mine rébarbative, et surtout mon voisin avec son étrange fardeau. Nous ressemblions certes bien moins à des postulants qu'à des dresseurs de piéges, rendons-nous justice. Quitte à nous dédire peut-être plus tard, notre nouveau compagnon n'osa pas nous refuser : quelques instants après, il voyait clairement qu'il avait eu affaire à loyale partie; nous avions rejoint mes antagonistes : — quand je dis loyale partie, ce n'est point à eux, bien entendu, que s'adresse l'allusion.

— Êtes-vous prêts, messieurs? fis-je en arrivant.

— Plus que vous n'êtes pressé, il paraît.

— Je suis de quelques minutes en retard, il est vrai ; mais je vous jure qu'à présent que nous y sommes, celui de nous qui demeurera en arrière est un lâche, et ce lâche ce ne sera pas moi.

— Avez-vous apporté des armes?

— Oui, celles que nous étions convenus de rechercher.

— Où sont-elles?

— Où vous voyez, reprit mon ami Debucq, dans ces deux pattes-là qui les ont caressées d'avance et amignonnées tout le long de la route, pour qu'elles fissent crânement leur devoir.

— Mais des fleurets?

— Dieu me pardonne, fit Debucq en se penchant vers moi, ces gens-là s'imaginent qu'on fait de sa parole un tourniquet, et qu'on va leur tenir le langage des hommes d'honneur! Qui est-ce qui leur a mis le nom de *fleurets* sur le tapis? Ils se flattent, ils se flattent.

— Des pistolets?

— Des pistolets, répliquai-je! Et pourquoi faire? Allons, allons, vous ne le voudriez pas. Vraiment vous m'affligez, mes maîtres, car je crois que je me verrai forcé de vous offrir un grain d'ellébore : pour qui vous prenez-vous donc?... Non, non, ce que j'ai décidé une fois est bien décidé : des pistolets et des bâtons pour vous, c'est encore trop noble. Vous, Tellim, je sais que vous avez pris leçon, à Bordeaux, de tous les genres d'escrime, jusqu'à la canne et à la savate — parce que vous vous sentiez sans doute incomparablement mieux taillé qu'un autre pour recevoir les horions par ces derniers moyens de correspondance.— Je vous fais beau jeu, car je n'ai brandi jamais la canne et la savate que sur vos semblables ; or, je fraie peu avec la livrée, peu avec la race canine. Vous, Truchet, vous avez montré à Lyon que vous teniez trop bien le fusil contre vos amis et vos frères pour le tenir mal contre un ennemi. Voyons ; vous, je vous réserve pour la bonne bouche, on exécute toujours en dernier les plus grands infâmes : à nous deux, mon petit bijou, voici deux rotins, faites votre choix.

— Mais je vous répète que je me suis muni d'une paire de pistolets, et que...

— Je vous répète, moi, que si vous raisonnez encore, monsieur le rodomont, je commence la partie tout seul. Allons donc, palefrenier, du nerf aux jointures, du cœur à la besogne, ton manche de balai dans les doigts : si tu ne te bats pas, je bats !

Au-dessus de sa tête je faisais vibrer une des deux armes que je venais de ramasser dans une convulsion de colère. Ses témoins me retinrent, mais l'allocution que je lui avais lancée sur un ton d'assez brusque courtoisie lui fit pourtant remonter du feu dans les joues et dans les paupières : transporté à son tour, il saisit le bâton qui restait, et d'un même élan nous courûmes l'un sur l'autre.

CHAPITRE XXXI.

QUEL EST CET HOMME ?

Les bois se croisent, se choquent, se frappent, se renvoient. J'étais plus vigoureux, mon adversaire plus habile. Cependant, par instinct, je devine et pare les attaques. La continuité de la lutte m'irrite, me brûle ; j'abats des chênes, des foudres, des massues... je ne touche pas. Un coup plus rapide, plus robuste, plus ardent, plus fiévreux..*; l'arme de mon adversaire, prise en dessous, vole à dix mètres de hauteur...

Je m'arrête.

L'arme est reprise et fond sur moi, le combat est plus chaud que jamais. Le dépit et la rage d'un côté, de l'autre l'animation d'un premier avantage; des deux parts l'impatience d'en finir, une vieille haine, la soif haletante de la vengeance... Les dents me claquent, mon œil bondit de son orbite, mes artères se gonflent, ma poitrine s'élance haletante, mes tempes sont des flots bouleversés, mes cheveux se dressent, ma tête se perd. — Un moûvement frénétique de poignet a ramassé mes derniers débris de forces, mon pied soufflette le sol d'un heurtement terrible, mon arme crie contre l'autre arme, descend, se glisse, frappe...

Mon adversaire tombe.

On s'empresse, le chirurgien regarde, j'interroge avec anxiété...

La blessure n'était rien : une simple contusion; l'intérieur du genou avait été atteint, mais le bâton était arrivé amorti par la riposte et brisé par le choc.

Je me réjouis dans mon âme que le résultat ne fût pas plus grave; car c'était celui de mes deux champions auquel je voulais encore moins de mal. Un arrogant est une bête moins dangereuse qu'un traître; et je n'ai jamais, au surplus, souhaité la mort du pécheur.

— A notre tour, monsieur le traître! fis-je à Truchet; tâchez surtout de vous en trouver quitte à aussi bon marché que votre compère.

— J'espère bien être plus heureux que lui.

— Cela est possible, car je me suis rouillé un peu depuis mes derniers duels; mais vous m'avez offert là une bonne occasion de m'y remettre, et je m'y remettrai. Ne croyez pas au moins que je sois venu vous proposer un cartel pour vous faire l'honneur de vous mesurer contre moi; Dieu m'en garde!— je n'ai eu qu'une seule intention, celle de m'amuser une heure avec les distractions de mon vieux passé. On se lasse de faire le mur; et du reste en trouvant à vous revendre, — vous qui vendez si bien les autres, — on parviendrait peut-être à retirer de vous ce qu'on estimerait une poupée de plâtre.

— Assez, monsieur! Finissons-en de vos invectives et de tout le reste; je n'ai pas ma journée à perdre ici.

— Diable! vous êtes donc bien sûr d'en revenir? Et puis il y a quelques jours seulement, au jardin du Palais-Royal, vous vous témoigniez si désireux de revoir Chodruc-Duclos dans toutes ses allures nouvelles; vous devez vous juger heureux, car depuis bien des années nul éhonté ne m'a fait sentir plus que vous le besoin d'épancher ma bile; ma foi, cela eût fini par m'étouffer.

— Messieurs les seconds, s'il vous plaît de charger les fusils?

— Mon ami Debucq, veille aux grains.

— J'ai l'œil dessus, je ferai comme pour moi.

Pendant qu'on chargeait les armes, je m'assis à terre pour me reposer, et je trempai mon mouchoir dans le ruisseau qui découlait de mon front et de mon visage.

Mon deuxième témoin vint vers moi, et me complimenta sur cette première victoire, à me rassasier. Certainement Annibal fut comblé de moins de félicitations après sa fameuse bataille de Cannes.

Je n'aime pas les porteurs d'encensoir;

aussi voilà que, loin d'aimer mon flatteur, je commençais à le détester d'une singulière façon. Ajoutez à cela, que depuis un instant, depuis qu'il m'était donné de la voir de plus près, cette figure basse et tirée ne me revenait pas du tout, ou plutôt, je me trompe, me revenait beaucoup trop. Il me semblait confusément la retrouver loin, bien loin, mais à coup sûr dans quelque petit ou grand coin de ma vie. Je ne savais précisément pourquoi je nourrissais cette croyance, que je revoyais un quidam pris en grippe de vieille date. Je fouillais dans ma mémoire, mais toujours vainement. Je finis par croire que c'était bien plutôt une de ces antipathies naturelles, inexplicables, nées d'un regard; et non pas les antécédents de mon inconnu, qui me le rendaient si déplaisant. Toutefois, comme après tout ce n'est pas un crime de ne pas plaire à tous les goûts, et que je ne pouvais pas, moi, me faire chercheur de querelles à tout le monde, jusqu'à un pauvre individu bien innocent peut-être, et qui avait du moins en sa faveur la bonne grâce avec laquelle il m'avait rendu service; je me laissai aller à la résignation, et lui demandai d'un ton presque galant :

— Comment vous appelez-vous ?

— Élie.

— Élie ? fis-je en moi-même. Élie ? je ne retrouve ce nom nulle part... si ce n'est dans la Bible. Or, je ne pense pas que ce soit là que nous nous soyons liés d'amitié, que je l'aie pris en grippe; il n'y joue pas un assez vilain rôle.

— Qu'êtes-vous ?

— Exilé.

— Pour quelle cause ?

— Politique.

— C'est bien. Votre pays ?

— La France.

— Votre pays ?

— L'ouest de la France.

— Et vous revenez ?

— Parce qu'il y a trop long-temps que je suis parti; et qu'on ne s'inquiétera plus de moi, j'espère.

— D'ailleurs votre physique aura changé depuis lors?

— Croyez-vous aux ravages du temps?

— Beaucoup.

— Aux ravages du malheur?

— Je sais des cheveux qui de noirs sont devenus blancs dans une nuit; je sais de splendides vêtements qui sont devenus des guenilles dans un jour; je sais une âme large et puissante qui est devenue lambeau dans une heure.

— Et l'infortune imméritée?...

— Est pour moi le culte le plus saint de tous.

— Merci.

Une main se tendit vers la mienne.

Mais une autre main se jeta en avant, celle de Debucq arrivant à la même minute pour m'inviter à le suivre, les armes se trouvant chargées. J'acceptai son aide amicale, et, me levant, je me sentis débarrassé de toute fatigue à l'approche d'un nouveau conflit. En m'y rendant, plusieurs fois il me vint le désir d'offrir à l'étranger mes services et mes protestations de sympathique dévouement, puisqu'il était malheureux ; mais toujours la parole expirait sur mes lèvres. Je ne compris pas cela.

CHAPITRE XXXII.

UNE ANCIENNE CONNAISSANCE.

Les pas sont marqués, le fusil est sur mon bras, le sort consulté pour l'initiative du combat : elle échoit à mon adversaire.

En allant prendre la position qui m'était désignée, je passai devant mon second témoin : nos yeux se rencontrèrent. Il m'examinait fixement, comme un homme qui se défie ou qui cherche un souvenir. Pour moi, son aspect m'offrait une bien autre impression que tout à l'heure : d'un sentiment de commisération j'en étais venu à un sentiment de répulsion que je commentais sans le pouvoir définir, et qui me rongeait sans que je pusse m'en défaire. Je voulais m'arrêter, plonger profondément et impérieusement mon regard dans ce regard audacieux ; je remis cette partie pour l'autre, que je craignais de faire attendre.

Je me plaçai ; puis je n'oubliai point— ainsi que me les avait fait oublier l'incandescence des premiers apprêts du combat de bâtons — une prière et un serment qui m'ont escorté toutes les fois que j'ai pris mon poste sur le terrain.

Le serment — prononcé tout haut — était celui-ci : « Je jure sur l'honneur de ne pas reculer d'une semelle. »

La prière — dite tout bas — était celle de Lancelot :

« Mon Dieu ! sois neutre.... et tu vas voir des gaillards bien frottés ! »

Seulement j'ajoutais : « Bénis ma mère ! veille sur mon père ! »

A peine eus-je accompli les deux devoirs, que ce nom de mon père me jeta dans le sein une pensée qui fut un coup de foudre ; tous mes anciens souvenirs communs avec cet étranger s'étaient réveillés et rués sur moi, le nom adoré de mon père venait, comme avec un clou rougi, d'écrire sur la face de mon inconnu un nom abhorré que je n'avais que trop connu :

« Litrat ! »

Qu'avait fait cet infâme? vous le saurez tout à l'heure.

L'avoir découvert, et par cette inspiration céleste, m'épanouissait et me transportait de fureur à la fois.

— Allons, me dis-je, les événements se compliquent, la journée sera plus chaude encore que je ne l'avais prévu.

J'étais fou de mon ignoble et précieuse trouvaille. Les trois coups du combat avaient été frappés, et la balle venait d'effleurer ma tête, sans être même suivie de ce mouvement du cœur qui échappe aux plus intrépides.

Il fallut que Debucq m'avertît que mon tour était arrivé. J'eus d'abord le désir de ne pas user de mon droit pour me lancer plus rapide et tout entier dans la nouvelle tempête qui se préparait ; mais le système invariable que j'avais adopté de ne laisser jamais passer l'impudence de la honte, réduisit ma générosité à une demi-clémence.

Je vise.... j'atteins.

Ce ne fut qu'une légère écorchure, un coin d'oreille enlevé.

— Si celui-là fait encore l'insolent, dis-je à Debucq, je ne pourrai plus le prendre aussi commodément par les deux oreilles.

— Non, mais tu te donneras moins de peine pour trouver leur adresse, tu n'auras plus qu'à chercher où rassortir le petit morceau que tu en as découpé.

— Debucq, tu es bien mon ami, n'est-ce pas ?

— Tu me le demandes ?

— Non ; je t'en demande une preuve, et c'est tout.

— Commandes-en des millions... et si tu n'es pas servi chaud... Voyons, que te faut-il ? Achever tes coquins ?

— Tout le contraire : courir voir à la porte Maillot si j'y suis.

— Parce que ?

— A cause de parce que.

— Je ne comprends pas infiniment; mais je suis sûr que tes raisons sont bonnes, et que tu n'es pas assez vaurien pour me faire aller là-bas sans un motif à toi.

— Y vas-tu ?

— J'y vole.

— Tu es un luron qui vaut son pesant d'or : je te payerai cela.

— Le pesant d'or ?

— Non ; mais ton obligeance.

— Comment la payeras-tu ?

— Par la continuation de mon attachement... et l'explication de l'énigme.

— Voilà tout ce dont j'ai besoin.

Je ne voulais pas de lui pour spectateur de ce qui allait se passer, parce qu'il ne fût pas demeuré spectateur immobile pour un sujet qui me tenait tant au cœur, puisque le nom de mon père devait s'y trouver mêlé.

CHAPITRE XXXIII.

MON PÈRE VENGÉ.

Debucq loin, je m'approchai de mon étranger, — qui aurait dû l'être toujours : — « Que dites-vous de ces deux actes de tragédie?

— Que vous êtes adroit dans vos dénoûments.

— Oui; mais deux actes c'est un mauvais nombre.

— Pourquoi cela?

— Trois est plus rationnel.

— Cela dépend de vos personnages.

— Ah! c'est qu'il y en a qui arrivent si tard dans l'action!...

— Qu'on ne sait plus comment les y faire entrer?

— Qu'on se demande par quel moyen plus violent on pourrait s'en défaire.

— Il me semble que vous n'avez pas mal commencé.

— Oui; mais je n'ai pas fini.

— Vous êtes bien farouche?

— Cela dépend, comme vous dites, de mes personnages.

— Il est vrai que je ne les connais point.

— Voulez-vous les connaître?

— Volontiers.

— Ces deux-là sont deux imprudents, nommés Tellim et Truchet. Ils ont attenté à mon honneur, ils m'ont proclamé indigne de leur toucher la main : je pouvais les tuer, je les ai blessés. Je les ai blessés deux fois, et au vif; car, avant le châtiment des armes, je les ai frappés tous les deux : l'un dans son honneur, en le traitant de perfide et de renégat; l'autre dans l'honneur de sa mère, en le proclamant fruit d'adultère clandestin et servile; n'est-ce pas qu'attaquer un homme dans sa famille, c'est la plus sanglante des agressions?

— Vous avez dit vos personnages?

— Non, pas tous; il en est un troisième, et celui-là, m'écriai-je en lui sautant au collet, celui-là est un infâme, qui ne s'appelle pas Élie — Elie n'est que son nom de bâtard — mais qui s'appelle Élie Litrat; celui-là est un faussaire, car il a fabriqué des billets faux; celui-là est un hypocrite, car il a trahi lâchement la confiance d'un homme de cœur, de mon père; celui-là est un voleur et un scélérat enfin, parce qu'il a violé un dépôt d'argent remis par mon père, parce qu'il a escroqué mon père, parce qu'en attentant aux faibles mais nobles revenus de mon père, il attentait à l'honneur vierge et sacré de mon père; il insultait mon père! Celui-là est enfin un double sacrilége, car il a osé se croire digne de tendre la main à un homme, au fils de sa victime! Je devrais tuer ce misérable qui s'est jeté dans l'exil parce qu'on l'allait jeter dans le bagne : eh bien! je ne le tuerai pas, à la société il faut sa vengeance ; mais il va s'agenouiller ici et me demander grâce de son forfait et de sa profanation. A genoux, monsieur ! à genoux, pour mon père, et chapeau bas devant son fils !

Et, sans lui donner le temps de répondre, je l'avais saisi et courbé jusqu'à terre.

— Chapeau bas ! monsieur, chapeau bas !

— Non, reprit-il en se redressant, non, monsieur ; mais, le front haut, je vous demande raison de votre délire.

— Allons donc ! Je savais bien que de bon gré ou de force tu paraîtrais devant moi tête nue !

— Que voulez-vous dire ?

— Tu l'entendras. — Messieurs, repris-je en m'adressant aux témoins de mes autres champions, lesquels étaient accourus au bruit de ma nouvelle altercation ; messieurs, vous avez pu me juger homme de loyauté dans les deux affaires auxquelles vous avez pris part, accordez-moi le service que vous avez rendu à mes adversaires. Vous aviez apporté pour eux une paire de pistolets, veuillez me les prêter, eux et votre assistance.

Les pistolets furent chargés.

— Combien de pas?

— Vingt, dit Litrat.

— Quinze, repris-je aussitôt.

Quinze furent comptés.

— Face ou pile, monsieur Duclos?

— Pile, pile.

— C'est face.

Litrat décharge son arme.... L'agitation de ses membres change la direction.

J'avais bien fait de compter sur ma bonne étoile et sur la justice de la Providence.

Je remue la détente fatale.

Ma balle court se placer dans le chapeau de Litrat; Litrat fléchit involontairement, le chapeau est à terre et troué.

— Ne vous l'avais-je pas dit, monsieur, que vous paraîtriez tête nue devant moi? Et maintenant, m'écriai-je en bondissant à pieds joints sur le chapeau, voulez-vous savoir pourquoi j'ai tenu à découvrir votre front de criminel? Parce qu'il ne lui faut pas désormais cette coiffure-là ; il lui faut le bonnet vert !

Il réclama sa seconde manche, je refusai de continuer la partie ; les témoins s'y opposèrent également.

— Vous avez subi ma justice, lui dis-je avec calme ; c'est le tour à présent de la justice du pays. — Pour vous, messieurs, merci de votre secours. Cachez-vous de la police, car, je le prévois, tous ces événements peuvent avoir de l'éclat ; faites la même recommandation en présentant mes adieux à vos premiers assistés, et dites-leur que j'ai bâtonné les Tellim, parce qu'on bâtonne la valetaille ; que j'ai fusillé les Truchet, parce qu'on fusille les traîtres ; que j'ai coupé l'oreille aux Truchet, parce qu'un serviteur du Christ coupa l'oreille à Judas ; que j'ai tiré le pistolet contre les Litrat, parce qu'on se défend avec le pistolet contre les bandits qui vous ont attaqué dans l'ombre.

Une voiture venait d'arriver à deux pas de nous :

— Voilà pour te reposer de tes peines, me

cria une voix, et je te remercie de m'y avoir fait songer.

C'était Debucq, dont la vigilante amitié accourait m'offrir cette prévenance pleine de délicatesse.

— J'irai à pied, lui répondis-je.

— Ah! tu crois, reprit-il, que tu auras le droit de m'envoyer comme cela promener pour le roi de Prusse! Tu vas grimper, et lestement!

Il était déjà en bas du fiacre, et se disposait à m'y jeter comme un ballot.

— En ce cas, tu me permettras de partager ta politesse?

— Avec un de ces messieurs?

— Avec monsieur.

Litrat eut l'air de chercher à s'éloigner, je me penchai vers son oreille :

— Si vous refusez, nous vous y lançons de force, et si vous montez de plein gré, je vous accompagne jusqu'à un gîte, sans dire à mon ami qui vous êtes; tout autre parti vous serait dangereux. Nous attendons.

Il avait affaire à trop forte partie : par prudence il monta.

Debucq et moi l'y suivîmes.

— Où faut-il conduire ces messieurs? demanda le cocher?

— A la préfecture de police, lui répondis-je.

Arrivés là, je priai Debucq de s'en aller, pour qu'il ne fût pas compromis dans certains éclaircissements que recevrait bientôt la justice. Je parlais à une pierre ; il voulut être condamné comme moi : nous le fûmes à trois mois de prison, comme duelliste et témoin de duel.

Litrat fut condamné à dix ans de galères, comme faussaire et voleur.

CHAPITRE XXXIV.

LE MOUCHARD.

Ce qui m'a toujours beaucoup diverti, c'est qu'on a constamment voulu faire de moi un homme politique; et tandis que mes membres se dessinaient nus sous mes haillons, la police, qui voit si bien où il n'y a rien à voir, se figurait que les trous et les fissures de ma redingote ne provenaient que du poignard que je ne savais point déguiser.

Dès qu'il était question d'émeute, dès qu'un seul coup de pistolet avait retenti sur le Pont-Royal ou sous le guichet des Tuileries, dès qu'une grande revue de la garde nationale était annoncée, la rue Pierre-Lescot se voyait entourée d'honnêtes espions faisant leurs yeux en coulisse aux vierges-folles du quartier ; puis, lorsque je sortais, quatre ou cinq de ces bouledogues habillés en chrétiens piétinaient presque sur mes talons, me poursuivaient de carrefour en carrefour, s'arrêtaient à mes côtés chez la fruitière, entraient avec moi dans la boutique du marchand de vin ; et, peu façonnés au rôle de toupie que je m'étais taillé, je les voyais le soir, jurant et suant, m'abandonner, tout désespérés de leurs infructueuses évolutions.

Le jour où cet imbécile et grossier Fieschi fit son affaire, un de ces chenapans à volumineux gourdin feignit de tomber devant moi, au coin de ma rue, en me priant de l'aider à se relever. Je lui tendis la main, et lui qui n'avait pas assez des yeux de la tête, cherchait avec ceux de ses doigts si je ne cachais pas sous mon gilet un canon, un obusier, une machine infernale.

Je vis le coup, et résolus d'enferrer l'espion.

— Vous êtes bien bon, monsieur, me dit-il après qu'il se fut mis sur ses deux pieds.

— Je le sais bien, répondis-je; mais l'acte que je viens de faire est tout simple et ne mérite pas même un remercîment.

— Il en mérite *si tellement* un, que je vous l'offre chez le marchand de vin.

Eugénie passa près de moi en ce moment, et, me touchant le coude, elle me dit tout bas :

— Prends garde, ami, c'est un mouchard.

— Ma foi, répondis-je au misérable, j'accepte votre offre, mais à condition que ma petite nous tiendra compagnie.

— Quelle est votre petite?

— Une grande brune.

— Est-elle des nôtres?

— Elle est des miennes.

— Qu'elle vienne donc.

Je fis signe à Eugénie, qui accourut et prit mon bras, en me pinçant comme pour m'inviter à me tenir sur mes gardes. J'étais fixé.

Nous entrâmes dans un petit cabinet, où

l'on nous servit une bouteille, puis du fromage.

— Eh bien! monsieur, que dites-vous de la farce d'aujourd'hui?

— Rien.

— Est-elle ignoble, n'est-ce pas?

— Comment l'entendez-vous?

— Trente ou quarante coups sans en toucher un!

— C'est que Dieu ne l'a pas voulu.

— Vous croyez donc en Dieu?

— Comme aux mouchards.

— Alors vous n'y croyez pas?

— Alors j'y crois.

— Au fait, vous pourriez avoir raison. L'on dit que l'assassin qui a tiré, mais dont l'on ignore le nom, se promène souvent dans le Palais-Royal.

— Bah!

— On l'assure. Il a été arrêté au moment où il descendait par une corde, et il a nommé ses complices.

— Combien sont-ils?

— Oh! il n'en a signalé encore que huit

ou dix douzaines, et il y a parmi eux un homme désigné sous le nom de Duclos.

— C'est un nom si commun! on en trouve partout, comme des Robert, des André, des Bertrand, des Durand, des ....

— Oui; mais il a dit, le drôle, que ce Duclos était avec l'instigateur; qu'il les avait vus se promener ensemble autour du bassin, le soir, et que c'est là que le coup a été médité.

— Tout ceci est dans le rang des choses possibles.

— Je parie que vous le connaissez, ce Duclos?

— Oui, je le connais....

Eugénie me frappa le pied; le mouchard toussa et entr'ouvrit la croisée, où se dessinaient cinq ou six têtes hideuses.

— Ah! vous le connaissez?

— Oui.

— C'est un homme de cœur, sans doute?

— Non, c'est un infâme.

— Et où est-il?

— Il est ici, m'écriai-je en me levant, et en

le prenant par sa redingote : il est ici.....

Et l'infâme roula sous la table et sous les bancs.

On accourut, on nous entoura, la garde vint....

Ce fut une scène à révolutionner une ville.

Je conduisis l'agent au corps-de-garde, où on lui témoigna les plus grands égards; et le lendemain je le vis, la figure en sang, la tête déchirée, serpenter autour de la rue Pierre-Lescot, escorté d'une demi-douzaine des siens qui me couvaient de leurs gourdins et de leurs regards.

Aujourd'hui le mouchard est magistrat. Si je ne le nomme pas, c'est que je connais les lois de septembre.

CHAPITRE XXXV.

UN ABRUTI.

Je venais de sortir de mon palais : il était nuit, et les cabarets fêtaient le saint jour du dimanche.

Contre mon ordinaire, j'avais deux écus dans ma poche : je me trompe, ma poche était percée, je les avais dans la main ; et tout fier, tout rayonnant, j'entrai dans une taverne située près de la barrière de la Courtille, où m'avait amené le désir de savoir comment finirait une dispute de ménage dont j'avais été témoin vis-à-vis le passage du Perron. Jamais je n'ai vu de mari plus souple, plus stupide;

jamais je n'ai entendu de femme plus revêche, plus acariâtre.

En route, le premier avait reçu au moins vingt soufflets et autant de coups de pied ; je ne compte pas les innombrables et sales épithètes dont la mégère assaisonnait ses philippiques.

Ce qui m'indignait le plus, c'est que le benêt de mari avait au moins cinq pieds dix pouces, et que sa chère et tendre moitié devait bondir pour arriver seulement à sa joue.

Le résultat de tout cela fut que le mari, avant d'entrer dans l'allée de sa maison, prit rudement sa femme par le bras et la lança si violemment contre la muraille, qu'en moins d'une minute la querelleuse passa de vie à trépas.

La justice fit le reste, on condamna cet homme à quinze ans de travaux forcés; mais à coup sûr, si j'avais déposé dans cette affaire, on eût déterré le cadavre de la défunte, et c'est elle qu'on aurait condamnée à une détention perpétuelle.

J'étais trop loin de mes promenades habituelles pour que je m'arrêtasse en si beau chemin, et me voilà, quelques instants après, en face d'une porte peinte en vert, décorée d'une grossière enseigne et d'où partaient des cris de joie et des chants bachiques.

Il n'y a pas de pays au monde où l'on chante plus qu'en France, il n'en est guère où l'on chante plus mal. Ceci soit dit en respect de nos scènes lyriques, et en souvenir seul des clameurs et des hurlements qui s'échappent tous les jours des bouges et des guinguettes.

J'entrai.

Chose bizarre! je n'étais connu de personne ; car personne ne chuchota en me voyant passer. Seulement j'entendis çà et là quelques buveurs qui disaient :

— C'est un millionnaire ruiné.

J'aurais volontiers serré amicalement la main à ceux qui rendaient un tel hommage à ma figure et au poli de mes mains.

Je m'assis à une table vide, je demandai du vin à quinze, et tous les regards se dirigèrent vers moi.

— J'avais deviné, dit l'un d'eux. Du vin à

quinze! il n'a jamais bu de la piquette, celui-là

— Tais-toi donc, c'est peut-être un espion qui vient nous écouter.

— Possible : motus!

Les deux individus qui venaient de se confier leurs pensées ne se parlaient plus qu'à voix basse. Moi, fort indifférent à ce qu'ils pouvaient dire, je goûtais au vin qu'on m'avait servi.

Mais à deux pas derrière moi, une table de buveurs, déjà ivres, assourdissait les visiteurs, qui demandaient à haute voix qu'on leur imposât silence.

Les garçons avaient beau prier, commander, menacer; les ivrognes sifflaient, criaient, hurlaient comme des démons excités par Satan; et l'un d'eux, surtout, vociférait certains blasphèmes qui m'auraient contraint à me lever et à l'écraser sous ma main puissante, si le misérable ne m'avait inspiré plus de dégoût que de colère.

Il était de taille moyenne, ses yeux caves s'éraillaient autour de leurs orbites, ses cheveux se dressaient sales et inégaux sur un front jeune encore mais déjà usé par de profondes rides. Ses pommettes étaient osseuses, ses joues bombées, ses dents jaunes, sa bouche fétide; et son organe retentissait, sourd et rauque, ainsi que le glouglou d'une eau fangeuse tourbillonnant au fond d'un égout.

Quant à ses vêtements, ils s'harmoniaient d'une façon étrange avec cette hideuse figure, dont je vous abrège l'infernale expression. Tout cela naguère avait été propre, mais aujourd'hui la redingote était devenue veste, le pantalon culotte, les bottes souliers... point de bas, point de cravate; point de chemise, je pense.

Cet homme sinistre agitait un couteau avec une sorte de frénésie qui me faisait trembler pour ses voisins. Il avait posé un pied sur la table et s'appuyait de l'autre sur la chaise qu'il brisait par ses violentes secousses. La lie du vin à demi avalé globulait autour de ses lèvres violacées et frémissantes. Les soubresauts de sa poitrine velue attestaient d'incessantes luttes avec l'ivrognerie; et quelque chose de fatal ressortait de cet ensemble, que ses hideux camarades étudiaient pourtant avec une sorte de respect.

Impatienté de ses grognements, de ses provocations, de ses violences, de ses terribles menaces contre quiconque oserait lui tenir tête, je me levai, je croisai les bras et me postant devant lui :

— Veux-tu te taire? lui dis-je en le foudroyant de mon ardente prunelle.

Il y eut un long silence.

Mais lui, le génie du mal, qui s'était tu comme les autres, partit bientôt par un éclat de rire, et rejeta loin de lui une partie du vin qu'il avait absorbé.

La rage me prit au cœur et je faisais déjà le tour de la table pour briser sous mon talon l'homme-boue, quand il me dit en buvant :

— Qui es-tu? je ne te crains pas, je ne crains personne... Je suis l'homme le plus puissant de la terre... C'est moi qui l'ai fait arrêter... c'est moi qui l'ai fait emprisonner... moi à qui *Elle* avait donné de l'or, et qui l'ai vendue parce qu'on m'en a donné davantage... Cinq cent mille francs, mes amis, cinq cent mille francs! rien que cela de monnaie!

— Qui es-tu donc, toi?
— A genoux! je suis Deutz!...

Mon poing tomba comme un levier sur les épaules du misérable abruti, qui roula pêle-mêle avec la table, les verres, les bouteilles et les convives sur un sol déjà jonché de débris.

Deux jours après, je reçus ces lignes à mon adresse :

« Simon Deutz attendra M. Chodruc-Du-
» clos demain à midi chez le marchand de
» vin, rue Pierre-Lescot, pour s'expliquer
» ensemble sur la soirée d'avant-hier. »

J'allai chez le marchand de vin à onze heures et y déposai à l'adresse de Simon Deutz, pour toute réponse, ces vers d'un poète de grand talent :

A L'HOMME QUI A LIVRÉ UNE FEMME.

O honte! ce n'est pas seulement une femme
Sacrée alors pour tous, faible cœur, mais grande âme ;
Mais c'est lui, c'est son nom dans l'avenir maudit,
Ce sont les cheveux blancs de son père interdit,

C'est la pudeur publique en face regardée
Tandis qu'il s'accouplait à son infâme idée ;
C'est l'honneur, c'est la foi, la pitié, le serment :
Voilà ce que ce juif a vendu lâchement !

Juif ! les impurs traitants, à qui l'on vend son âme,
Attendront bien long-temps avant qu'un plus infâme
Vienne réclamer d'eux, dans quelque jour d'effroi,
Le fond du sac plein d'or qu'on fit vomir sur toi !

Ce n'est pas même un juif ! c'est un païen immonde,
Un renégat, l'opprobre et le rebut du monde,
Un fétide apostat, un oblique étranger,
Qui nous donne, du moins, le bonheur de songer
Qu'après tant de revers et de guerres civiles,
Il n'est pas un bandit écumé dans nos villes,
Pas un forçat hideux blanchi dans les prisons,
Qui veuille mordre, en France, au pain des trahisons !

Rien ne te disait donc dans l'âme, ô misérable !
Que la proscription est toujours vénérable,
Qu'on ne bat pas le sein qui nous donna le lait ;
Qu'une fille des rois, dont on fut le valet,
Ne se met point en vente au fond d'un antre infâme,
Et que, n'étant plus reine, elle était encor femme ?

Rentre dans l'ombre où sont tous les monstres flétris
Qui depuis quarante ans bavent sur nos débris !
Rentre dans ce cloaque ! et que jamais ta tête,
Dans un jour de malheur ou dans un jour de fête,

Ne songe à reparaître au soleil des vivants !
Qu'ainsi qu'une fumée abandonnée aux vents,
Infecte, et dont chacun se détourne au passage,
Ta vie erre au hasard de rivage en rivage !

Et tais-toi ! que veux-tu balbutier encor ?
Dis, n'as-tu pas vendu l'honneur, le vrai trésor ?
Garde tous les soufflets entassés sur ta joue.
Que fait l'excuse au crime et le fard sur la boue ?

Sans qu'un ami t'abrite à l'ombre de son toit,
Marche, autre Juif-Errant ! marche avec l'or qu'on voit
Luire à travers les doigts de tes mains mal fermées !
Tous les biens de ce monde, en grappes parfumées,
Pendent sur ton chemin ; car le riche ici-bas
A tout; hormis l'honneur, qui ne s'achète pas !
Hâte-toi de jouir, maudit ! et sans relâche
Marche ! et qu'en te voyant on dise : « C'est ce lâche ! »
Marche ! et que le remords soit ton seul compagnon !
Marche ! sans rien pouvoir arracher de ton nom !
Car le mépris public, ombre de la bassesse,
Croît d'année en année, et repousse sans cesse
Et va s'épaississant sur les traîtres pervers,
Comme la feuille au front des sapins toujours verts !

Et quand la tombe un jour, cette embûche profonde,
Qui s'ouvre tout à coup sous les choses du monde,
Te fera, d'épouvante et d'horreur agité,
Passer de cette vie à la réalité ;

La réalité sombre, éternelle, immobile!
Quand d'instant en instant, plus seul et plus débile,
Tu te cramponneras en vain à ton trésor;
Quand la mort, t'accostant couché sur des tas d'or,
Videra brusquement ta main crispée et pleine,
Comme une main d'enfant qu'un homme ouvre sans peine;
Alors, dans cet abîme où tout traître descend,
L'un roulé dans la fange et l'autre teint de sang,
Tu tomberas perdu sur la fatale grève
Que Dante Alighieri vit avec l'œil du rêve!
Tu tomberas damné, désespéré, banni!
Afin que ton forfait ne soit pas impuni,
Et que ton âme errante, au milieu de ces âmes,
Y soit la plus abjecte entre les plus infâmes!
Et lorsqu'ils te verront paraître au milieu d'eux,
Ces fourbes dont l'histoire inscrit les noms hideux,
Que l'or tenta jadis, mais à qui d'âge en âge
Chaque peuple en passant vient cracher au visage;
Tous ceux, les plus obscurs comme les plus fameux,
Qui portent sur leur lèvre un baiser venimeux,
Judas qui vend son Dieu, Leclerc qui vend sa ville;
Groupe au louche regard, engeance ingrate et vile,
Tous en foule accourront joyeux sur ton chemin,
Et Louvel indigné repoussera ta main!

Chodruc-Duclos et Simon Deutz en présence l'un de l'autre!

Le premier, toujours fidèle à sa religion

politique; le second, traître, félon et lâche.

Tous les deux dans la misère.

Il y aura peut-être pour l'un quelques larmes, quelques regrets, quelque pitié... après sa mort.

Il n'y aura pour l'autre qu'exécration et mépris éternels.

Que celui qui a eu la bassesse de l'acheter dise maintenant la morale de sa corruption... Tous deux, le marchand et l'acheteur, peuvent se donner la main.

CHAPITRE XXXVI.

RECTO ET VERSO.

Si je croyais, ai-je dit bien souvent, que mon chapeau connût mes pensées, je le jetterais à la rivière; et pourtant je vous les ai toutes racontées. Ici encore je vais résumer toute ma vie d'autrefois et ma vie d'à présent. C'est qu'à la fin je me sentais étouffé par ces montagnes de méditations; j'ai besoin de me délivrer, et j'écris.

Après le duel si fatal qui me contraignit à changer pour un temps de patrie, la famille du jeune et infortuné marquis de L*** se jeta aux pieds de Louis XVIII, appelant la rigueur des lois sur celui des deux adversaires qui n'était pas tombé... Le roi répondit :

— Duclos a trop fait pour notre cause, je ne puis rien faire contre lui; mais je promets au moins de ne jamais rien accorder qui lui soit favorable.

Cette parole du roi Louis XVIII, le roi Charles X l'a tenue également.

Je n'ai donc pas à punir dans ces pages un ancien ami, un ministre seulement; j'ai un ministre et deux rois à punir. Ne vous demandez plus à quoi bon cette plume.

Au sein de ma plus profonde misère, je tenais à conserver quelque chose de mon ancienne position. Je tranchais du grand seigneur en certaines choses : et pas un d'eux, par exemple, n'a plus de soin que moi de sa toilette intérieure. Certes, un franc par jour pour le prix de ma chambre est une somme exorbitante; car je perche à un cinquième étage où l'on monte par un escalier sale, dégradé, à l'aide d'une rampe de fer fort graisseuse. Ma rue est une des plus déshonorantes et des plus déshonorées de la capitale, puisque, toute courte qu'elle est, tout étroite, toute boueuse, elle renferme six repaires semblables à celui où je suis niché.

Eh bien! demandez à M. Thibaut, à son espiègle fille, si je ne les fatigue pas par mes incessantes demandes d'eau filtrée. Tous les jours, en été comme en hiver, je me baigne de pied en cap.

On m'a souvent reproché de sortir en plein jour de ma chambre absolument privé de vêtements, et c'est pour ce délit surtout qu'on m'a fait comparaître en police correctionnelle. Cela m'est arrivé deux fois, depuis dix-sept ans, parce que je lavais et faisais sécher mon unique chemise; et encore n'essayais-je que trois ou quatre pas sur mon carré seulement, pour appeler et donner des ordres : les deux seuls jours où cet incident a eu lieu, j'ai été vu. Le hasard a toujours assez d'intelligence pour nous faire condamner. Je fus rencontré un soir par une femme qui, me voyant dans cet état, ne sut plus quelle contenance tenir. Une autre fois, rencontré par une autre femme, je donnai lieu à une singulière méprise; car cette personne, qui ne voyait que mon dos, trompée par la longueur de mes cheveux, redescendit tout effrayée auprès de l'hôtesse, à qui elle dit : « Ah! mon Dieu, madame, j'ai vu là-haut une pauvre femme qui me fait bien de la peine; il faut que son amant soit un monstre, car il paraît qu'il l'a mise à la porte en retenant ses effets; elle est sans le moindre voile. »

L'hôtesse crut à ce rapport, monta vivement, et me trouva au moment où je rentrais dans ma chambre; jugez si elle dut rire.

Mes vêtements de dessous suivaient la déprogression de ceux de dessus, de sorte que, lorsque ceux-ci étaient déchirés, ceux-là s'usaient et se déchiraient à leur tour. C'est là une vérité digne de Lapalisse. Eh bien! il m'est arrivé de ne pas avoir de quoi manger; et quand, pressé par la faim, je venais de recevoir assez d'argent pour acheter une chemise, je couvrais mon corps d'un linge blanc, puis je me couchais dévoré de besoin.

Mais ces objets de la toilette, je ne sais par quel caprice de toute ma vie, je n'aimais pas qu'on me les offrît en aumône, et un jour qu'un Bordelais bienveillant jeta devant mes pas un mouchoir propre et neuf afin de me le faire accepter sans remercîment, je le poussai du pied, puis me retirai dans le jardin du Palais-Royal où je pleurai à chaudes larmes.

L'un de mes plus poignants regrets du passé a été pour ce temps de pompe et d'éclat où mon linge ne se renouvelait pas moins de trois fois par jour. Alors, il est vrai, tout allait à l'avenant : mon budget pour le tailleur montait à dix-huit cents francs par mois, et mes crochets de bottes étaient des mouchoirs de Madras de quarante ou cinquante francs.

Alors, aussi, je faisais la terreur des maris, mais j'étais la coqueluche des belles dames; mes manières brillantes, mon son de voix assez mélodieux, la proportion de mes formes, le feu de mes regards, ma conduite d'étourdi, presque de mauvais sujet, n'avaient pas peu contribué à me valoir les bonnes grâces du sexe sensible.

Aujourd'hui je suis devenu l'épouvantail de tout le monde, de tous les sexes, de tous les âges ; les madras ne me servent plus à mettre mes bottes ; je n'ai plus que des sandales comme le plus gueux des gueux, comme le plus sauvage des parias. On dit que j'ai gardé l'étincelle qui brûlait mes paupières ; j'ai conservé aussi toute la vigueur de mes muscles.

J'avais encore ma pauvre mère, lorsqu'une fantaisie de ma jeunesse me donna l'idée de m'en aller tenter fortune en Amérique. Je lui fais une demande d'argent et lui communique mon projet.

Elle adopte mes plans, et me promet de satisfaire mes désirs s'il est vrai que je ne la trompe point sur leur but. Je rentre le soir à huit heures, sur la foi du traité conclu avec ma mère ; j'étais triste ; un sinistre pressentiment troublait le calme de mon cœur.

Je frappe ; le chien de garde répond et semble avertir le domestique d'aller ouvrir la porte.

Je frappe ; je frappe, je frappe ! Rien.

Un commencement de défiance me saisit. Je

m'éloigne, semblant croire à l'absence de ma mère, et pourtant je savais fort bien qu'elle n'était pas sortie : c'était une petite vengeance pour quelques différends survenus dans notre intérieur depuis ces derniers jours. Je me d rige vers Tourny, et là je me livre à mes pensées, puis je finis par m'arrêter à celle de revenir à la charge et d'entrer, soit par capitulation, soit par la force de mes poignets. Très-résolu, je marche à grands pas. Je frappe de nouveau...

Un voisin officieux, pour épargner mes peines et ses oreilles, me crie qu'il n'y a personne, qu'on est parti.

Je ne réponds point; je donne un dernier coup... Je tâte la porte, y trouve beaucoup de résistance; mais, comptant sur ma vigueur, je ne vois plus qu'un moyen de réussir : je l'essaierai.

« Allons, me dis-je, à la guerre comme à la guerre; il faut, mon ami le Superbe, ou fracasser la porte, ou te fracasser contre elle. »

Je traverse la rue bien directement devant

l'endroit qui m'offrait le plus beau jeu ; et là, prenant ma course avec la violence que vous me connaissez, je me précipite sur la porte, je l'enfonce et tombe avec elle.

Par un bonheur inespéré, je ne m'étais fait aucun mal. Je répare tout de suite du mieux possible les brisements de la vaincue, et monte à mon oreiller.

Depuis ma misère, il m'est arrivé un trait non moins surprenant :

Un débitant de nectar de Bacchus, assisté de sa servante—je ne parle pas de celle de Bacchus—se donnait un mal de galérien pour remuer une énorme pièce de bordeaux, qu'ils voulaient rouler contre l'ouverture extérieure de la cave.

Moi, je les regardais en riant et me divertissant beaucoup à leurs efforts.

— Ah ! çà, que voulez-vous donc faire ? leur demandai-je à la fin, las et attendri de les voir suer sang et eau.

— Parbleu ! nous voulons placer cette barrique le long du mur.

— Ce n'est que cela ? Voilà quelque chose

de bien malin! Attendez-moi, c'est une compatriote, elle m'obéira mieux qu'à vous.

Je m'empare de la barrique, la soulève... en un clin d'œil elle est sur place.

La rue Pierre-Lescot est ma rue de prédilection. J'ai changé trois fois d'habitation depuis que je suis à Paris, je n'ai point quitté ma rue...

J'ai commencé par demeurer à l'hôtel de France; j'en suis sorti parce que mon hôtesse prétendait que je *discréditais* son bouge.

J'ai déserté ensuite l'hôtel de Lyon, parce que mon propriétaire avait l'imbécile manie de vouloir me montrer comme une bête curieuse. Sur ses exhortations, deux individus s'empressèrent de chercher à me voir et à me parler : mon hôte crut devoir me préparer à leur visite et me prévint deux jours à l'avance. Je répondis que je n'entendais recevoir personne; et comme il insistait, je m'emparai d'un balai dont j'enlevai le manche, et me mis en devoir d'accueillir les visiteurs, qui s'abstinrent de l'entrevue.

Depuis dix-sept ans je prends mes repas au

même lieu. Mon dîner se compose tantôt de viande, tantôt d'œufs et de laitage, que j'apporte chaque jour chez une fruitière de ma rue. Depuis six mois j'ai donné ma pratique de charcuterie au marchand nouvellement établi rue Richelieu, presque en face de la fontaine Molière. Quand l'argent est rare, les repas sont courts; quand les fonds sont en hausse, je me dédommage de ma continence forcée : alors deux grands plats de côtelettes de porc frais, que vous appelez, vous autres, un mets indigeste, passent chez moi comme une lettre à la poste. Chose qui vous paraîtra étrange peut-être, je ne mange jamais de potage, et c'est tout au plus si j'avale un bouillon par an.

Je me lève entre deux et trois heures de l'après-midi, je descends, accroche ma clef dans la boutique, vais manger, de là me promener dans mon palais — quelquefois au boulevard si le soleil est beau, — je rentre à mon hôtel sur les onze heures, prends mon cinquième de chandelle, jette silencieusement une pièce de vingt sous sur la table, grimpe à ma chambre, me couche; et cela pour recommencer tous les lendemains qu'il plaira au ciel.

Je descends toujours mon escalier à reculons. Pourquoi?— Vous êtes trop curieux; mais n'importe. J'ai fait les deux tiers du chemin de ma vie, et je voudrais rétrograder vers les premiers pas; puis j'aime à regarder le point élevé d'où je suis parti..... pour arriver si bas !..... Maintenant, si vous ne me comprenez guère, moi je me comprends, et cela me suffit.

CHAPITRE XXXVII.

LA SCIENCE.

L'anéantissement est venu.

Aujourd'hui seulement je suis à aujourd'hui. Le passé brillant s'efface dans les ténèbres du présent et les hontes d'un avenir qui ne peut avoir de durée.

Aujourd'hui je maudis ! je mendie et je souffre quand on ne me donne pas.

Combien je suis peu ce que j'étais naguère !

Je fais plus : on a des écus au quartier Saint-Germain, j'y vais et je me frotte à ces vieilles pelisses, à ces houppelandes qui datent de si loin, et par-ci par-là on me donne quelques sous.

Quelques sous ! et je souffre. Quelques sous pour une suprême et lente agonie !

N'importe, je ne me plaindrai que sur ce papier. Comme à mes beaux jours de nobles ressentiments, je ne dirai pas un mot, je n'exhalerai pas une lamentation, je ne pousserai pas un soupir qui puisse être entendu.

Rien ne manquera donc au calvaire de ma vie ! le jugement de Ponce-Pilate, le roseau, la croix, l'absinthe... et l'outrage des exécuteurs.

Rien n'y manque.... si ce n'est une mère qui pleure et qui prie !...

Je me trompe.... derrière mon cercueil, où ne marchera pas même le chien du pauvre, on verra — j'en suis sûr — un bon et sincère ami, Debucq ; une bonne et forte fille, Madeleine repentante et joyeuse tour à tour, qui n'a peut-être jamais eu de larmes dans ses yeux noirs que pour moi, d'ongles à ses mains blanches que pour moi, de battements à la poitrine que pour moi....

Hélas! aurai-je un cercueil?... je me suis flatté.

A Duclos l'amphithéâtre, le scalpel, une dissection, et des élèves âpres aux progrès de la science qu'ils feignent d'étudier.

— Ce crâne, dira-t-on, est celui d'un homme de cœur, d'un esprit *entêté*.

» Ces épaules, les épaules d'un homme nerveux et vigoureux.

» Ce torse, celui d'un homme façonné aux fatigues.

» Ces mains, celles d'un homme qui a des essences pour les blanchir, et qui est mort sans une goutte d'eau pour enlever la dernière souillure.

» Ce front, diront-ils encore, a été le front d'un homme déterminé. »

Ils diront aussi que mes intestins étaient vides, parce que je suis mort de faim.

Ils diront que mes pieds, jadis très-délicats, ont dû s'user au frottement des dalles, aux outrages des saisons....

Ils diront, en un mot, ce qui a été, ce qui est, parce qu'ils auront appris tout cela dans l'histoire de ma vie ouverte à chaque page, et que ma mort ne pourra leur rien apprendre de nouveau.

Mais la médecine a besoin d'auxiliaires pour se faire pardonner ses vagues hypothèses, ses théories contradictoires, ses bévues, ses fautes, ses meurtres, ses assassinats, ses sacriléges.

Et voilà pourquoi Chodruc-Duclos sera porté à l'amphithéâtre.

Là, en effet, est la dernière salle d'attente de celui qui s'élève de quelques lignes au-dessus du commun des martyrs; là aussi est sa dernière salle de réception, celle dont il fait les honneurs, mais sans bruit, sans discussion, sans disputes politiques, scientifiques ou morales.

Là, le visiteur vous dit en souriant : « J'en étais sûr : cet homme n'avait pas mangé de trois jours.

— Il n'avait pas mangé depuis quatre.

— Depuis cinq.

— Depuis six. »

Le dernier a raison, et il le prouve.

Je ne sais si le grand homme n'a pas à redouter sa dernière heure, par cela seul qu'il y a des amphithéâtres dans toutes les cités civilisées. Qu'en pensez-vous ?

Et puis on vous jette au visage ces stupides paroles : « Qu'est-ce que cela peut vous faire ? vous serez cadavre.... »

Misérables ! avant d'être cadavre, n'ai-je pas été homme comme vous, plus que vous peut-être ? N'ai-je pas eu des bras pour combattre et protéger, des regards pour fouiller à l'horizon, pour admirer l'harmonie céleste ; un cœur pour m'émouvoir aux détresses humaines, un corps ouvert à toutes les cicatrices, une bouche pour blasphémer ou bénir !..

N'ai-je pas eu surtout cette fatale raison qui medisait, long-temps avant ma dernière heure, que je serais porté à un amphithéâtre pour y être disséqué, mutilé, mis en lambeaux ; et aller, de là, dans un creux fait à Clamart....

Je n'ai pas foi en la parole du médecin jurant qu'il croit à l'immortalité de l'âme.

Le médecin ne croit qu'à la matière.

Pour lui, l'homme est quelque chose composé de muscles, d'os, de veines, de dents, d'ongles, de chairs, de peau, de cheveux....

Et quand tout ce mécanisme a fait son office, tou cela retourne au lieu d'où tout cela est venu.... au néant.

Le médecin ouvre un cadavre comme vous ouvrez un poulet ou les feuilles de ce livre.... avec moins d'émotion peut-être, quoiqu'avec le même instrument, à l'un et à l'autre il faut un couteau : le couteau ne manque pas plus au médecin que le fusil au soldat, que le malheur à Duclos.

Et acheter cet amphithéâtre, ces déchirements, ces lacérations.... par l'hôpital !

Cela est diabolique.

De quels noms impies décore-t-on ces lieux de douleur, où l'on passe d'une vie dans une autre ?

La Pitié !... la Charité !... les Incurables !...

J'irai mourir aux *Incurables,* et de là on me portera dans un amphithéâtre.... Oh ! cette idée me brûle....J'ai envie de frapper du talon tout être mouvant qui glisse à mes côtés....

Si pourtant !...

CHAPITRE XXXVIII.

MA MORT.

Il y a des êtres si singulièrement organisés qu'on est fondé à les croire morts quand on ne les a vus s'agiter, courir, vagabonder, que cinq ou six fois par jour. Ainsi suis-je charpenté, moi, fils de Confucius, adorateur du feu — car la flamme ne se repose jamais — ainsi vivrai-je jusqu'à mon dernier soleil, jusqu'à ma dernière minute, et je donnerais un démenti formel au stupide *prophétiseur* qui viendrait m'assurer que je rendrai l'âme dans mon lit.

Ma vie à part me présage une mort à part.

Comment finirai-je? Par une balle, par une épée, par un suicide? Je ne crois pas : je mourrai par un coup de foudre.

Les hautes têtes n'attirent pas seules le feu du ciel, le mouvement a aussi ce privilége, et je tomberai, sans nul doute, dans la colonne d'air que j'aurai déplacée....

Vous verrez cela.

. . . .

A une certaine époque — il y a quatre ans à peu près — huit jours et autant de nuits passèrent sur Paris en alarmes sans qu'on m'eût aperçu au Palais-Royal. C'en était fait de l'existence aventureuse du pauvre Duclos. Mille bruits circulèrent sur mon compte, plus ridicules, plus bizarres les uns que les autres. On m'avait trouvé mort dans un confessionnal à St-Roch, on m'avait retiré du fond d'un égout dans lequel j'étais tombé en un moment d'ivresse; je m'étais précipité des tours de Notre-Dame. Ceux-ci m'avaient fait saisir par la police dans une odieuse maison, et je devais croupir dans un cachot pour ne pas épouvanter les juges de ma hideuse présence;

ceux-là, plus logiques, m'avaient tué par la flamme.

Hélas ! il n'était jamais venu à personne l'idée que j'étais mort de la fièvre, dans une chambre honnête, sur un lit propre, auprès d'un ami généreux, d'une femme compatissante.

A moi — le Duclos du malheur, le Duclos de la fatalité, de l'ingratitude — on devait refuser ce qu'on accorde à tout être vivant et souffreteux : un serrement de main pour un dernier râle, une larme pour une dernière agonie, une espérance pour un dernier regard.

Une torture de plus à qui avait lutté contre tant de tortures : les hommes ne pouvaient pas se montrer irrationnels ; et je lus sans indignation, sans étonnement, les dix ou douze oraisons funèbres, que publièrent alors les dix ou douze journaux les plus sérieux de la capitale.

Clamart devait m'être refusé ; Clamart où l'on ensevelit tous les cadavres sans tête, portés de l'échafaud dans une tombe....

A Duclos, Montfaucon, Montfaucon où

s'abattent les quadrupèdes inutiles et gangrenés...

Montfaucon me revenait de droit.

Eh! bienheureux et magnanimes citoyens de la grande ville! Chodruc-Duclos, l'homme à la longue barbe, l'infatigable piéton que vous avez peine à suivre du regard, le dépravé, le pauvre, le gueux, le déguenillé, l'ogre, le vampire, l'ours, ne mesurait point à cette époque la hauteur des tours de la cathédrale. Il n'était point tombé dans un égout, il n'était point mort dans un cabaret à la suite de honteuses libations; le Chodruc-Duclos, que vous évitiez quand il était parmi vous, et que vous cherchiez quand vous le croyiez à la tombe ou à la Morgue, ou à Montfaucon; Chodruc-Duclos, le Vendéen, ressaisissait dans une autre mansarde que la sienne une santé délabrée, souriait encore au soleil naissant qui venait le visiter, à la nuit qui apportait un peu de sommeil et de calme sur sa tête volcanisée.

C'est une chose bizarre que l'ardente curiosité des hommes pour tout ce qui a vie, alors que l'immobilité est saisie du mouvement ! Sur cent mille personnes qui passaient quotidiennement à mes côtés, deux, trois, quatre au plus me tendaient une main secourable : j'étais pour les autres un objet de dégoût et peut-être de mépris. Eh bien ! si vous disiez, vous, propagateurs soudoyés des vérités utiles, que Chodruc-Duclos est mort dans la rue, a été porté à la Morgue, les cinq sixièmes de la population de Paris assiégeraient les portes de cette tombe fatale qui a vu tant de cadavres, tant de mutilations ; les portes de ce forum populaire qui a été l'écho de tant de sacrilèges paroles sur le corps d'une blanche vierge victime d'une lâcheté, d'un vieillard étouffé sous les plis de la Seine.

Cependant je n'étais point mort, mes bons et généreux amis : j'étais plein de force et de santé, en dépit de votre égoïsme ; et, puisque vous tenez à savoir où s'épuisaient mes pas, où combattait ma persévérance, je vous dirai que, dans ma rue Pierre-Lescot, je donnais les soins d'un ami dévoué, d'un fils reconnaissant, à une malheureuse marchande de charbon dont le mari était mort quelques jours auparavant à l'hôpital, et à qui une voiture avait broyé le pied droit.

Oh! ces jours-là, messieurs les curieux désœuvrés, ces jours-là je mendiais.

Aussi je mendiais sans honte, en plein soleil, la main en avant, le corps droit, le front haut, la voix élevée. Ces jours-là, tous les instants que je dérobais à la douleur, je les prenais pour arrêter le passant sous le guichet du Louvre; et, je vous l'avoue, j'avais choisi, pour mendier cet endroit obscur, afin que la crainte rendît généreux sinon compatissant.

Hélas! la vieille femme alla rejoindre son mari, et, quelques minutes avant le dernier soupir, elle fit entendre ces paroles pieuses que je garde comme une consolation à tant de misères :

« Mon Dieu! fais qu'un ami rende à Duclos, lors de son heure suprême, les soins qu'il me prodigue avec tant de charité!... »

Le neuvième jour je sortis.

Ce fut partout une stupéfaction. Le soleil n'était plus éclipsé, l'astre brillant venait de reparaître, le monde allait respirer à l'aise, le Palais-Royal reprenait sa splendeur accoutumée.

Ne vous réjouissez pas, bons et heureux Parisiens, la mort ne se promène point sans colère, sans retentissement, sur le grabat du pauvre, et le mal est contagieux dans la mansarde privée d'air, de feu, d'amis...

La fièvre vient de me saisir... Où me conduira-t-elle ?

Auprès des époux Morand, sans doute.

Où sont-ils ?... Je le saurai dans peu... demain... aujourd'hui peut-être !...

. . . .
. . . .

CHAPITRE XXXIX.

SA MORT.

Duclos sortit le matin. La jeune fille de la maison dit au père :

« M. Chodruc est malade, il ne rentrera pas ce soir. »

Cinq minutes plus tard, il avalait une bouchée de pain ; une minute après, il entrait chez le marchand de vin de la rue St-Honoré, n° 221, il buvait un verre, il sortait...

— Je suis frappé ! Je suis mort !...

Il pivota sur son talon, comme pour dire

un dernier adieu à son Palais-Royal, qu'il cherchait d'une prunelle mourante...

— Debout, s'écria-t-il ! debout jusqu'à la fin !

On releva un cadavre...

Quatre hommes l'emportèrent, on passa devant sa demeure sans s'y arrêter ; on alla le déposer...

Où ?

Nous n'avons pu le savoir.

CHAPITRE XL.

LE PURGATOIRE.

Vous l'avez vu dans la rue, suivez-le chez lui. Non pas que nous voulions vous jeter dans le tourbillon des pensées qui ont brûlé sa cervelle; mais pour faire courber votre raison devant la ténacité incessante de cet homme, qui est resté là, cloué pendant des années, sans découcher une nuit, si ce n'est par autorité de justice; face à face avec la misère, avec ses souvenirs.

Une rue sale et froide, une porte étroite et basse; à gauche, un cabinet où se distribuent les flambeaux et les clefs.

Devant vous l'escalier tortueux, avec sa rampe de fer raboteuse et gluante.

Trois étages ; puis une petite ouverture mal fermée, où le vent glisse humide et glacé. Entrons.

La chambre est un trapèze courbe.

Les carreaux crient sous vos pieds. Il y a là une épaisseur de quelques millimètres formée par une alliance malheureuse de crachats et de boue.

Un lit bas en bois peint, mais qui a perdu ses couleurs primitives; un matelas complet, une couverture, une table de nuit boiteuse. Point de rideaux sur la couche de deuil : Duclos les avait répudiés.

Une croisée à guillotine, voilée à demi par un lambeau de quelque chose qui fut jadis indienne. Le tout masqué par un mur noir, décrépit, outragé par la rafale ainsi que par les immondices tombant des étages supérieurs et des toits.

Une cheminée en bois, ébréchée à tous les angles, parce qu'elle a long-temps servi de marteau pour fixer des clous aux semelles déchirées...

Jamais, jamais, jamais un seul maigre tison ne s'est noirci à la flamme du foyer.

Sur la cheminée, un miroir large, peu élevé ; — un miroir à Duclos ! — Plusieurs aiguilles où le fil réparateur se voit encore sont piquées dans le cadre en bois gris de la glace ; mais point de cartes de visite dans la jointure !

A gauche de la cheminée, un placard ; à droite, son frère. Dans celui-ci, deux fragments de souliers ; dans ces souliers, deux rasoirs, un noir et l'autre blanc. Plus, un doigt de gant, où sont renfermées cinq dents cariées. A côté, une brosse... — une brosse !... ô vanité humaine !... —

Il est vrai que cette brosse était sans crins : elle s'était usée au frottement, et elle avait suivi la fortune de la redingote et du pantalon.

Voici un maillet : je me trompe, c'est un tire-bottes à l'aide duquel se réparaient les insultes faites à la chaussure par les dalles du Palais-Royal.

Trois demi-chaises, une honteuse commode en bois de noyer, une table brisée.

Une claie.... Peut-être était-ce un symbole?...

Un pot à l'eau et une cuvette, vingtième édition de ceux qui avaient été mis en éclats.

Voilà pour le corps, voilà pour l'homme terrestre, voilà pour Chodruc-Duclos l'infatigable piéton.

Sachez ce qu'il y a aussi pour la pensée, pour l'âme.

La bibliothèque du sage se composait de :
Un recueil de *Modèles de style et d'éloquence;*
Un volume des *Tragédies de Racine;*
La *Logique ou l'art de penser;*
Un *Traité d'astronomie populaire;*
Les *Traditions de l'Église touchant l'Eucharistie;*
Le tome second de l'*Énéide,* traduction de Delille;
Le tome premier des *Odes de Delamotte;*
Les *Discours académiques, lettres et pensées de Montesquieu;*

Les *Épîtres familières de Cicéron*, latin et français en regard;

L'*Essai sur la justice universelle ou les sources du droit*, par Bacon.

Une vie de Diogène.... annotée, dorée sur tranche;

Enfin, une lettre ainsi conçue :

« Madame,

» Le malheur vous remercie du rayon de jour que vous avez jeté dans son âme. Il vous bénit, et prie Dieu pour que vous ne connaissiez jamais l'ingratitude.

» Merci, poète.

» Émile Chodruc-Duclos. »

Et, à côté de cette lettre, quatre pages signées Anaïs Ségalas, et rappelant deux périodes distinctes du costume de l'homme aux haillons.

Les voici; de pareils vers se gardent avec religion. Aussi eurent-ils un puissant écho chez cet homme du malheur.

Après la révolution de Juillet, qui avait enveloppé dans la vengeance de tout un grand peuple la vengeance de Duclos sur les ministres et les rois sans mémoire, Duclos s'était vêtu presque comme tout le monde, et c'est à cette époque, sans doute, que les strophes énergiques lui furent adressées.

Duclos eut vite compris que l'empire des égoïstes bassesses ne s'arrêtait pas seulement aux quelques personnages disparus; il se tailla une mission plus haute, celle de flétrir, non pas un homme, ou deux ou trois, mais toute la secte des puissants; non pas une époque, mais un siècle. Et il prit son couteau à deux mains, et il poignarda de nouveau la richesse et le faste dans ses vêtements.

Mais il conserva — peut-être comme un remords et un doux souvenir à la fois — ces lignes éloquentes :

LES DEUX CHODRUC-DUCLOS.

> Si je croyais que mon chapeau connût mes pensées, je le jetterais à la rivière.
> Chodruc-Duclos.

I.

Le voyez-vous passer dans le Palais-Royal,
Traversant à grands pas les arcades de pierre,
Pâle et grave, couvert de boue et de poussière,
La barbe épaisse et longue, ainsi qu'un général
Spartiate ou romain, le port noble et sévère ?
Les bras contre le dos, et le front redressé,
Il étale, orgueilleux, son vêtement percé
    Et le luxe de sa misère.

Regardez son habit en festons découpé,
Brodé de larges trous, de pièces toutes sales,
Sa ceinture de corde et ses grosses sandales,
Son pantalon de drap si sec et si râpé.
Mais, sous le chapeau noir enfoncé sur sa tempe,
Tout pelé, tout usé par le temps qui détruit,
Voyez-vous s'allumer son œil de feu, qui luit
Comme un rayon perçant dans une vieille lampe ?

Le cou tendu, l'œil fixe, un passant curieux
Le regarde ; une femme à dix pas se retire,
De peur de le toucher avec son cachemire ;
Un enfant l'examine en ouvrant de grands yeux :
Auprès des chaînes d'or aux vitraux agrafées,
Des soleils de brillants, des cristaux, il croit voir
Un des magiciens de ses contes du soir,
  Errant dans un palais de fées.

Le Superbe leur lance un regard de dédain
Et passe ; puis il dit en lui, Duclos le sage :
« Que m'importe, mon Dieu ! d'avoir à mon passage
Déchiré mes habits aux ronces du chemin,
Si leur Paris doré sous ses tissus de fête,
Regarde mes haillons avec ses milliers d'yeux !
Eh ! que m'importe encor que mon chapeau soit vieux,
Pourvu que je le porte en levant haut la tête !

» A vous, mes beaux messieurs, rubans, joyaux de cour !
Lorsque le siècle et moi nous sommes face à face,
Quand je le vois qui cherche honneurs, fortune, amour,
Qui croupit dans son or ; moi, je ris et je passe
Tranquille, indifférent, sans remplir ma besace
  Pour faire une route d'un jour.

» Oh ! la mort est si longue, et la vie est si brève !
Ce n'est qu'un jeu d'enfant, une ironie, un rêve !
Quand le jour éternel lancera ses rayons,
Le riche et l'indigent seront jugés de même.

L'homme ressemble à l'homme aux yeux du Dieu suprême,
 Et l'âme n'a pas de haillons ! »

Oh ! regardez-le bien marcher contre les grilles,
Duclos pensif, railleur, philosophe, effronté,
Superbe, et se faisant une immortalité
 Avec quelques vieilles guenilles !

Mais voici qu'il fait nuit, et, jusqu'au jour vermeil,
Il gagne sa maison, qui craque de vieillesse ;
Entre, prend un flambeau, puis auprès de l'hôtesse
 Jette le prix de son sommeil.

Et, tout en raillant ceux qui couchent sur la plume,
Sur son mauvais grabat, heureux et l'âme en paix,
Il dort en attendant que le jour se rallume
 Et qu'on lui rouvre son palais.

II.

1833.

Oh ! ne va plus marcher fier et la tête haute,
Indigent détrôné ! pleure et dis : « C'est ma faute ! »
Car les haillons, vois-tu, c'était ta gloire, à toi :
Tu n'es plus qu'un passant dans ton palais qui brille,
Tu n'as plus ton habit râpé, laide guenille
Que la foule suivait comme un manteau de roi.

Il revient parmi nous, ce Duclos qui nous raille :
Allons, pour saluer courbe ta belle taille,

Souris en grimaçant, sois poli, sois flatteur!
Des hommes vont serrer ta main aux promenades,
T'insulter d'un bonjour sous tes longues arcades
Et salir ton grand nom du titre de monsieur.

Ton costume est celui de l'homme qui t'aborde;
Tu portais seul du moins ta ceinture de corde!
Tu n'avais point comme eux des croix et des bijoux;
Mais de tes vieux habits on parlait en Europe,
Car ils ne s'étaient pas usés, fier misanthrope,
A ployer chez les grands ton dos et tes genoux.

Mais as-tu remué tous ces flots de la foule?
As-tu cherché la vase au fond de l'eau qui coule?
Bien des hommes du monde au luxe étincelant
Ont plus de fange au cœur que toi sous ta sandale;
Eh! que leur fait d'avoir une âme noire et sale,
Si leur habit est propre et si leur linge est blanc!

Ta longue barbe grise, épaissie, onduleuse,
Qui jadis s'étalait si fière, l'orgueilleuse,
Caressait tes haillons, tombait à larges flots,
S'humilie à toucher ta cravate de soie,
Et dit seule au passant distrait qui te coudoie :
« Tourne la tête et vois : ceci, ce fut Duclos. »

C'est qu'il a bien perdu dans sa métamorphose;
Qu'est-ce donc maintenant que Duclos? peu de chose
Un homme en chapeau noir lisse et neuf, en drap fin,
En costume reçu, banal; qui se promène
Mis comme ce troupeau qui passe; est-ce la peine
Que pour le regarder on s'arrête en chemin?

CHAPITRE XLI.

UN DERNIER MOT.

Pourquoi avons-nous publié ce livre ?

Celui qui aura lu le livre aura dû comprendre le pourquoi ; sinon, il se verra condamné à parcourir ces deux lignes encore.

Quelqu'un avait une détestable opinion de l'espèce humaine — c'est inhumaine qu'il voulait dire ; — et ce quelqu'un s'écrie un jour : « Si j'avais la main pleine de vérités, je la tiendrais fermée. »

Notre philosophie tourne le dos à celle-là, et nous donnons la volée à cette pensée première des *Mémoires de Duclos* : que l'égoïsme et la vanité se disputent le monde.

Selon nous, Émile Chodruc-Duclos, l'homme aux haillons, l'homme à la longue barbe, l'homme du mouvement, l'homme de l'indigence, l'homme de l'orgueil et de... l'abrutissement peut-être tout à la fois, — n'était pas seulement un homme : il était aussi et d'abord une idée.

Voilà pourquoi nous avons publié ces deux volumes.

La source où nous les avons recueillis, c'est Duclos lui-même, c'est-à-dire des fragments, des débris, des rognures, de l'encre pâle ou noire, du crayon rouge ou de la sanguine, de l'art et du désordre... que sais-je, moi ? un objet de dégoût et de convoitise, des feuilles à jeter au coin de la borne et des feuilles à rechercher avec religion, de la grandeur et de la bassesse, du cynisme et de la honte, des générosités et des vengeances, des misères au dehors, des richesses au dedans, une âcre mais juste récrimination, un sarcasme vivant et sage.

Nous avons compris, nous, qu'une grande leçon pouvait ressortir de ces contrastes — j'allais écrire : de ces mensonges — et voilà pourquoi, je vous le dis encore, nous avons publié ce livre.

Nous avions la pensée de Duclos : cette pensée, nous l'avons développée au point de vue de Duclos lui-même, que nous comprenons comme vengeur et comme victime.

La pensée, la parole de cet abandon, de cette infortune, acceptez-la au titre qui nous l'a fait accepter : au titre de page évangélique.

FIN.

TABLE

DU DERNIER VOLUME.

Pile et face.	1
Chap. I. Premier jour de faim.	9
II. Mes haillons.	11
III. Les gardes-du-corps.	31
IV. Eugénie.	34
V. Un couvent.	41
VI. Jalousie.	49
VII. Amour, tu perdis Troie.	62
VIII. Poison.	71
IX. Un hasard.	80
X. Coup de théâtre.	87
XI. Une espèce de révolution.	95
XII. Encore Peyronnet.	102
XIII. Une tentation.	111
XIV. Un échafaud.	116
XV. Le bijoutier Renaudin.	127
XVI. Insomnies.	139
XVII. Le changeur Joseph.	147
XVIII. Un suicide manqué. — Un chien enragé.	155
XIX. Police corruptionnelle.	162
XX. Le provincial.	177
XXI. Croquemitaine.	185
XXII. La berge.	194

Chap. XXIII.	Un grand poëte.	202
XXIV.	Une scène des Funambules.	212
XXV.	Causeries.	230
XXVI.	Deux amis.	247
XXVII.	Deux silhouettes.	264
XXVIII.	Provocation.	270
XXIX.	Le maître de bâton.	278
XXX.	Un premier venu.	286
XXXI.	Quel est cet homme?.	294
XXXII.	Une ancienne connaissance.	302
XXXIII.	Mon père vengé.	307
XXXIV.	Le mouchard.	315
XXXV.	Un abruti.	321
XXXVI.	Recto et verso.	332
XXXVII.	La science.	343
XXXVIII.	Ma mort.	349
XXXIX.	Sa mort.	356
XL.	Le purgatoire.	358
XLI.	Un dernier mot.	368

FIN.

Extrait du Catalogue de DOLIN, Libraire.

LIVRES DE FONDS.

ŒUVRES DE P.-L. JACOB (*Bibliophile*).

	FR. C.	FR. C.
LA DANSE MACABRE, 1 vol. in-8	7 50	3 »
LES FRANCS TAUPINS, 3 vol. in-8	21 »	9 »
LE ROI DES RIBAUDS, 2 vol. in-8, portrait (épuisé)	15 »	10 »
LES DEUX FOUS, 2 vol. in-8	15 »	6 »
PIGNEROL, 2 vol. in-8	15 »	6 »
LA FOLLE D'ORLÉANS, 2 vol. in-8	15 »	6 »
VERTU ET TEMPÉRAMENT, 2 vol. in-8	15 »	6 »
SOIRÉES DE WALTER SCOTT, 2 vol. in-8 (épuisé)	15 »	10 »
LE BON VIEUX TEMPS, 2 vol. in-8	15 »	6 »
QUAND J'ÉTAIS JEUNE, 2 vol. in-8	15 »	6 »
MON GRAND FAUTEUIL, 2 vol. in-8 (épuisé)	15 »	10 »
LA FEMME SUPÉRIEURE (formant les tom. 13 et 14 des Études de Mœurs), par H. de Balzac, 2 vol. in-8	15 »	10 »
LES REVENANTS, par J. Sandeau (auteur de MARIANNA), 2 vol. in-8	15 »	10 »
LES CATACOMBES, par J. Janin, 6 vol. in-12	18 »	6 »
LE SIÈGE DE VIENNE, roman historique, par madame la baronne de Montolieu, 3 vol. in-12 (épuisé)	10 »	7 »
LA ROSE DE JÉRICHO, par madame la baronne de Montolieu, 1 vol. in-12	3 »	2 »
LE VICOMTE DE PLESSIS-LES-TOURS, par Chasserot, 2 vol	15 »	4 »
LE DERNIER JOUR, poème en dix chants, par Jean Reboul, de Nîmes; accompagné de notes et suivi d'une Lamentation à la ville de Nîmes, 1 vol. in-8	7 50	3 »
HISTOIRE D'HÉLOISE ET D'ABAILARD, par M. Guizot; 2 vol. grand in-8, avec 40 gravures (édit. Houdaille)	20 »	8 »
LE TAPAGEUR, roman de mœurs, par Aug. Ricard, 2 vol. in-8	15 »	10 »
DON JUAN DE SERVANDONA, par de Fonbonne, 2 vol	15 »	7 »
ÉRARD DU CHATELET, par le comte de Pastoret, auteur de GUISE A NAPLES, 2 vol. in-8	15 »	10 »
ROBERT DE CUNINGHAM, 2 vol. in-8	15 »	9 »

Imprimé par Béthune et Plon.

www.ingramcontent.com/pod-product-compliance
Lightning Source LLC
Chambersburg PA
CBHW060617170426
43201CB00009B/1052